U0016179

憤怒日記

誠實面對欲望，在殘酷世界迎向勝利

孫秀賢 손수현 ——— 著

馮燕珠 ——— 著

악인론

닥치고 성공해 누구에게도
지배받지 않는 삶

給正陷入成長錯覺的你

或許，我是個精神病患者。

而你，正閱讀一名精神病患者寫的書。

那天，我正在看電影，

看到一半，突然因為喘不過氣連忙跑出戲院。

因為恐慌症嗎？不是。

當時我正看的電影是《小丑》。

片中，主角小丑的精神科主治醫師，

對他說了這樣一句話：

「小丑，你現在一次得吃七顆藥，

再這樣下去會很危險。」

看到這一幕，我當下立刻就跑出戲院。

精神病患者的代表人物小丑，一天得吃七顆藥，

而我，每天必須吃十四顆精神科藥物。

我喘著氣，一路跑到地下停車場，回到自己的車上，

立刻打開音響播放古典樂。

陷入恐慌只是一時，

很快地，我恢復平靜，

心情也慢慢穩定。

「這是多麼奇幻的人生啊！

雖然一天要吃十四顆抗憂鬱藥物，

但我的生活堪稱完美。

我的收入比同齡男性多十倍，

隨時有數十人等待著與我開會，

所有工作到我手中，都能順利迎刃而解。」

我就像個精神失常的人一樣自顧自狂笑，

如果這時有人經過，透過車窗看到，

說不定會認為我是個瘋子。

但那又怎麼樣？

我過著完美的生活，

因為我不在意周圍其他人的視線。

這本書與一般所謂的心靈雞湯不一樣，

在這本書裡，只要有任何會侵擾人生的存在，

即使是父母，我也會要你毫不猶豫地清除。

與其受煤氣燈效應＊影響，

還不如先製造煤氣燈效應。

只要是無視你的人，

不管是家人或朋友，都應予以懲處。

或許有些讀者相信「善的影響力」，

認為任何人都可以照著約定俗成的方法成功。

這樣的讀者，

＊煤氣燈效應：Gaslighting，是一種心理操縱的形式，讓受害者逐漸
　開始懷疑自己，質疑自己的記憶力、感知力或判斷力，導致產生認
　知失調和其他變化。

看了我的故事之後可能會很不愉快。

我很喜歡一句話：

「毀掉人生最快的捷徑，
就是聽信那些生來只許成功的人，
叨叨念念的話。」

那些自許為成功者的人們，
有幾個能明確知道自己為什麼會成功呢？

說不定他們之所以會成功，
單純只是因為出生在有錢人家，繼承了好的基因罷了。

雖然口口聲聲說自己是按照某種公式實現了夢想，
但說穿了，難道不是因為生來便擁有優異的條件，
所以才能過著比別人優越的生活嗎？

或許你一直以來都追隨著那些人，
每天睡前寫感恩日記，背誦積極正向的人生金句，
吶喊著：「我可以做到！」夢想成功。

但我想說，拜託！請停止那些可怕的自我安慰吧！

如果不以燃燒自己的覺悟努力，
只是聽著成功人士的故事做白日夢，
那麼你的人生永遠不會改變。

希望看了這本書的你，
別再為他們浪費任何一分錢、任何一秒的時間。

當然，或許你會問：
「這麼說來，這本《憤怒日記》不也沒有什麼用嗎？」

我懇請你先暫時把抱怨擱在一邊，
就算上當受騙，也希望你能再多讀一下這本書，
你會發現，比起之前白白浪費的時光，
這只不過花你一點點時間而已。

要罵我，讀完書以後再罵也不遲。

現在就成為惡人吧！
在不合理的世界裡成為真正的勝利者，
獲得自由！

目錄

PART 1　惡人論

給想找回人生主導權的你

第一章　感恩日記留給我的只是「不用努力的理由」

第二章　惡人的生活不自在，但善良的人生活不幸福

PART 2　惡人的武器

給想獨自活在這世界的你

第三章　如果要選擇，就刻意站在不利的一方

惡人的武器①　Meta speaking

第七章　惡人絕不按本能行事
惡人的武器⑤　頂樓的視野

PART 3　惡人的革命

給想要更成功的你

第八章　錯誤的建議會讓原本只需花一年就成功的你多花 5 倍時間

自我開發書籍的 7 大謊言

第九章　真正的惡人，由追隨者完成

第十章　有必要的話，在他們面前像個瘋子一樣

那個「他」竟成了公司代表？
這太奇怪了！

十年前的我，因為被記了三次警告而被大學開除；十年前的我，眼睜睜看著同學、朋友一個個順利進入職場，卻只能默默祝福，是個沒有存在感的人；十年前的我，積極聯絡朋友，費心安排各種聚會，緊抓著漸行漸遠的朋友，像個沒有明天的魯蛇；十年前的我，是個與父母進行地獄般的對立後，導致父親罹患嚴重肝硬化的不孝子；十年前的我，在嚴冬中因為沒錢繳瓦斯費，只能穿著四雙厚厚的毛襪，一邊發抖一邊入睡；十年前的我，是個每天幻想如果有個按鈕按下可以沒有痛苦地一口氣死去，那麼我會在上面跳踢踏舞的精神病患者；十年前的我，是因極度自卑引起的巨大壓力，最終被診斷為躁鬱症，每天必須服用十四顆藥的重度藥物依賴者。

我的人生，和所謂「精神病患」這個讓人聽了不舒服的稱

號，一同墜入深不見底的無底洞內。而今日我所享受的生活，與十年前陷入極度自卑的我所想的未來截然不同。

　　今天的我，一早睜開眼睛就先打開手機，看到我所撰寫售價 7000 元的電子書昨晚賣出十六本的訊息後，開啟一天；今天的我，是一間法人企業代表，與各個聰明有魅力的員工們親切招呼後，開始一天的工作；今天的我，就算一週只上班一天，每個月依然有 86 萬元的進帳；今天的我，搭乘商務艙旅行，在機場貴賓室裡寫作；今天的我，幾乎每兩天就會接到邀請，希望我能以創業和成功為主題舉行收費演講；今天的我，送給父親一輛中型的賓士車，並負擔父親肝硬化的治療費用，以彌補過去的不孝；今天的我，只因一時覺得沒車上下班很不方便，第二天便毫不猶豫地訂了一輛保時捷。

　　「代表，大家都到齊了。」員工的提醒喚回陷入沉思的我。我的公司位於首爾江南區最熱鬧的島山大道中心區域。自動門打開，一個沒見過的員工引導我進入演講廳，看來公司最近又加入新血了。當年只有四名員工的公司，如今迅速成長擴大，現在我已經很難記住所有員工的臉了。隨著一本 7000 元的超高價電子書大獲成功，我在公司內的地位也發生很大變化。我以「最快獲得財富自由的方法」為主題，在員工面前進行演講，包括才剛到職沒幾天的實習生。現在所有員工都打開筆電，聚集在我面前。

關在小房間裡寫作時期的我　　　　現在身為 ATRASAN 公司代表的我

　　聽說人在死之將至之際，過往歲月會像走馬燈一樣在腦中掠過。在走上講臺短短幾步的時間裡，過去十年的生活就像全景一樣在我腦海中展開。現在才能毫無顧忌面對的老友們，經常說我的人生真是「神奇地順利」。沒錯，這些奇蹟般的事情怎麼會發生在我身上呢？

　　很久以前我就很好奇，為什麼有人比誰都努力，卻依舊只能勉勉強強過著平凡的生活，直到老死。為什麼付出同樣的努力，有些人就是能過得比較好，享受前百分之一的優越生活。至今與我面談諮詢過的人超過七千名，其中不乏像律師、醫師等專業人士，也有日薪制的短期勞工、工讀生、待業者等，他們擁有各種不同的人生，不過大致上可以分成兩類：

一類過著惡人的生活。

另一類過著非惡人的生活。

站在提供諮詢的角度，我從旁觀察著他們的生活，更加體認到惡人與非惡人生活的差異。我決定以親身經歷和領悟到的道理為基礎，歸納整理「成為自己人生主人」的方法，這也就是這本《惡人論》的創作契機。

看到這裡，有些讀者可能已經不耐煩，說不定會覺得這篇序真是倒胃口，但我就是希望你因為我這樣厚顏無恥的炫耀方式而受刺激，希望所有讀這本書的人都能像我一樣成為「率直的惡人」。口口聲聲說人生目標不是賺大錢，但眼睛卻忍不住盯著呼嘯而過的進口車，你該拋開這種自欺欺人的人生了。我想賺大錢！我想要受人喜愛！我想擁有權力！率直一點吧，拋開善良的人設，承認自己最真實的欲望，這就是成為「惡人」的開始。

我在書裡會不斷拋出「要活得像惡人一樣」的訊息，這或許讓人有點混亂，所以我在此先說明本書中對惡人的定義：

■ 能夠坦然直言：「你過你的人生，我要過我自己的人生。」
■ 就算因此被人指指點點，也甘願接受責難。
■ 最終「迎接成功」，過著不受任何人支配的生活。

「感覺很酷啊，反派果然最屌。重點就是人生只有一次，所以應該隨心所欲對吧？」如果你這麼想，那就大錯特錯了。很抱歉撥你冷水，但憑這樣單純的決心當不了惡人。在此我得先警告，一旦選擇「惡人生活」，你會毫無理由地被許多人辱罵，你的名字會被別人議論。當你在任何一個挑戰中失敗，人們就會像等待許久一樣七嘴八舌並自我安慰：「果然還是應該當個善良的人，我就知道像他那樣求關注，最終會完蛋。」

即使取得大大小小的成功，你也聽不到好話，人們會說：「他一定是運氣好才成功！」那些不識你天賦的人會感到自卑，讓你的人際關係越來越狹隘。偶爾你會自我懷疑：「我真的那麼可惡嗎？」因為人類自我愧疚的本性，夜裡漸漸無法入睡。

但是缺點就到以上為止，除此之外，「惡人的生活」將為你帶來無限快樂的生活。

■ 有人覺得你一定有特別的地方，因而崇拜你、追隨你。
■ 原本對你不滿的人會開始窺探你的「成功」經驗，默默地閉上嘴巴。
■ 曾經傷害你並離你而去的人，最終還是會回頭來找你。
■ 對少數人來說，你或許是個「倒胃口的人」，但對多數人來說，你是個「與眾不同的人」。

我將在這本書裡非常具體地描述惡人的生活態度和惡人解

決問題的方法，尤其在解決問題的方法中，還設計了實踐的進度表，分為「馬上實踐」、「一週內實踐」、「三個月內實踐」這三種類別。

就算知道了再好的方法，如果不實踐，一樣只是垃圾。有了時間限制的壓力才會有執行的動力，請務必記得這一點，再把書翻開。

你現在過著什麼樣的生活？你想過著什麼樣的生活？看了這本書，你會給予什麼樣的評價，對我來說都無所謂。身為一個惡人，我已經習慣了世間的批評和指責，我不會因此感受到任何壓力，因為惡人不受這世上任何人評價的影響。

如果你追求「正直的人生」或「道德的生活」，那麼這本書恐怕無法激起你心中的火花。但是靜待時間流逝，某天當你再拿起這本書，能夠毫無偏見地直視我坦白以告的過去，那我就滿足了。即使需要花一些時間，但若這本書能夠將圍繞著你的狹小世界打開，在裡頭栽種新芽，那麼我將別無所求。

二〇二三年二月
孫秀賢

惡人論

給想找回人生主導權的你

第一章

感恩日記留給我的
只是「不用努力的理由」

你在過去一年有什麼改變？

　　二〇一一年，我在這一年之間五度獻上祝福給畢業的朋友。當時的我根本連想都沒想過就業問題，因為我的學業成績平均差不多是零分，心裡想的不是「總有一天會畢業吧。」而是「到底能不能畢業？」但漸漸地，連那種煩惱也逐漸厭倦而淡忘，日子得過且過，人生岌岌可危。儘管如此，我仍然不缺席朋友們的畢業典禮，一起拍照喝酒，真心祝福他們。

　　當時經常往來的朋友大多比我年紀略長幾歲，所以我的畢業祝福，大家也都理所當然地接受。但就在最後一個朋友也畢業的這天，我突然有種無法置信的感覺，一向和我一起喝酒，一邊感嘆「未來的人生該怎麼辦啊～」爭相蹺課，從不去想下一步要怎麼走的朋友，現在居然也要畢業了。其他人不說，但至少對我們兩人來說，畢業曾是很遙遠的未來，甚至以為也許永遠不會到來。

　　但在不知不覺間，那個朋友也默默打起精神，把心思放在課業上，就這樣通過了畢業的終點線。知道他可以畢業時，我

的學分和人生正因數次警告而一團混亂，但是單純的我在那一瞬間仍樂觀地認為，無論如何我也會畢業，滿心期待又可以和朋友們一起喝酒了。

畢業典禮上，我拿著一小束花等待朋友，他的父母也來了。我開玩笑對朋友說：「你戴起學士帽的樣子還挺人模人樣的嘛。」又說：「丟下我先畢業，很開心吧？」一邊說笑一邊替他拍照。其他朋友陸續到來，看著朋友順利畢業並邁入社會而感到驕傲。大家起鬨拍團體照，我站在最後面，為了想更突出，還墊起腳尖，露出燦爛的笑容。

咔擦！

畢業典禮後，我們前往學校附近常去的小吃店聚會。我很喜歡喝酒，準確地說，應該是喜歡「大家一起喝酒的氛圍」，在與朋友們笑鬧之間，所有的煩惱彷彿煙消雲散。大家都好一段時間沒見了，不免提起往事。我興奮地說：「還記得那次嗎？在海產店慶生，打賭誰的酒量好。」朋友笑著說：「當時我們真的很瘋。」我的興致高昂，在有朋友就好的時期，光是聊著往事就可以徹夜不眠。

但席間話題卻逐漸轉向不同的方向，朋友們個個都苦惱著未來，已經就業的人紛紛感嘆在公司的遭遇。有人因為被調到

不適合自己的工作單位而痛苦，有人因為主管處處看自己不順眼而身處水深火熱之中，那是和我截然不同的世界，他們還討論起如何儲蓄、投資什麼基金比較好。我感覺自己漸漸被冷落，但還是假裝若無其事地聽他們談話，但對因數次警告勉強維持著不知何時會消失的「大學生」身分的我，那些故事都很陌生。

我看著這天畢業的主角，他正在聽其他人說話，臉上的表情無比真摯，是以前和我一起家常便飯般出入網咖時沒見過的模樣。其他尚未就業的朋友也都朝著各自的目標前進。有人為了考上翻譯研究院，正埋頭苦讀中；另一個人為了進入法學院拚命念書，同時兼家教賺取學費。我好怕有人問：「秀賢，你的目標是什麼？」於是酒一杯接著一杯，心中暗暗祈禱熱絡的氣氛不要讓某人突然向我提問。最後費用由已就業的人一同分攤，他們都是善良又帥氣的朋友。

凌晨三點多，我搖搖晃晃地走在回家的路上，突然懷疑「我這樣活著對嗎？」心中有股莫名複雜的情緒。手機不斷傳來訊息提醒聲，朋友在聊天群組中接連上傳今天拍的照片。或許是當下的情緒作祟，我看著彩色照片中所有人都開心地笑著，好像只有我一個人是黑白的，一股嫉妒湧上心頭，但是我馬上冷靜，轉念一想：「他們二話不說就掏錢付帳，也沒做錯什麼……」心情才舒暢一點。回到家躺在床上，帶著輕鬆的心

情入睡。

　第二天，我像往常一樣，沒去上課。

　那個時期的我也跟風寫著當時非常流行的「感恩日記」。第一次知道它的存在時，心裡第一個想到的念頭「就是這個！」把對朋友的嫉妒當作以友情為名的感恩；把猶如脫韁野馬般的生活，當作「為了享受僅此一次的人生」而感恩；把沒有做出任何努力的一天以「反正沒遇到什麼壞事，是擁有小確幸的一天」為由而感恩。每天尋找並記錄值得感恩的事，這個過程其實很愉快，偶爾內心深處傳來「不能再這樣活下去」的聲音，但最後似乎也漸漸平息，感覺像是得到了免責權。當時我很開心，認為自己擁有人生最好的工具，卻沒想到它會成為我生命中最強的遮光罩。

　就這樣我的人生順利延續，不，準確地說，是只有在自己眼裡看起來很順利，殊不知人生走勢正在觸底。我依然每天懷著感恩的心，在筆記本上一一寫下，不斷提醒自己過得多麼幸福和滿足。就這樣大概持續了一年，每天不間斷寫下的感恩日記溫暖地擁抱了我。

　即使過著最糟的人生，我身邊還有知交好友；雖然未來一片黑暗，但父母可以領取公務人員年金，所以我沒有撫養長輩的壓力。因為大學生這個虛有其表的身分，我也沒有什麼必須

立刻要做的事，同時還有個處處關照我的女朋友。對我來說，生活中真的有很多值得感恩的事。

當時的我不知道，感恩日記是扣住我腳踝的枷鎖。在寫感恩日記的一年裡，我一點都沒有進步。因為對現有生活感到滿意和安心，每天都在想著「不用努力的理由」，將生活中的一切合理化。

改變命運的那天也是充滿感恩的一天，原本一門科目的考試成績預期可能是「C+」，結果卻得到了「B」，雖然其他科目的成績都是「F」；與久違的好朋友們見面，大家熱熱鬧鬧喝酒聊天享受快樂的聚會；回家路上正好有輛賣米腸的小攤車就停在家門口，讓我可以順便享受幸福的宵夜。如此令人心滿意足又感恩的一天正要結束之際，女朋友打電話來，約我在老地方見面。我們兩人各自在外租屋，相距只有五分鐘路程，因此經常約在中間點見面聊聊天。

但那天與平時不同，女友一見到我，面無表情地劈頭就問：

「你在過去一年有什麼改變？」

「蛤？怎麼突然這樣問？」我說。

「剛開始覺得你很積極又很穩重，感覺還不錯，但是現在卻覺得有點厭煩。你根本就是沒有想法的樂天派啊！」女友說。

「……」我不知道該說什麼。女友又繼續說：

「這一年來，在你的人生中有什麼事變得更好？不管是什麼都好，說來聽聽啊。」

「……」我依然無話可說。

「我們就到此為止吧。」

她說完轉身就走。就在交往即將滿一週年的前幾天，我們分手了。

「我哪裡做錯了？我只是每天懷著感恩的心過日子而已……這到底是什麼狀況？」

原本為了慶祝交往一週年，準備和女友一起去旅行，如今卻分道揚鑣了，當下我完全沒有真實感。女友走後，我一個人愣在原地發呆，過了好幾個鐘頭，心裡感覺有某種東西在沸騰。

是憤怒。她說的沒有錯，這一年來，我只是一再輕描淡寫地自我安慰，以「工作與生活平衡」的名義逃避努力帶來的壓力。即使在競爭中落後，也會對自己說：「越是這種時候，越應該先祝賀別人，這樣才是有氣度的人！」極力迴避尖銳的指責。

在那一瞬間，我一直認為理所當然、視為人生根基的「感恩人生」這個概念驟然倒塌，面對的是殘酷而冷漠的現實。我像著了魔似地跑回家，翻開感恩日記，這下才看清楚，曾經被我視為人生中最珍貴的感恩日記，實際上是將無用之人的無用

之處合理化的筆記。幾個月前寫的一句話映入眼簾。

誰知道呢？說不定明天就會死，所以沒什麼好擔心的，只要今天幸福就好！今早的咖啡不是很好喝嗎？

真噁心。雖然也才二十出頭，但看到寫這種日記的自己覺得好羞愧，真想找個地洞鑽進去躲起來，這些內容看起來多麼天真。我苦笑了一下，忍不住發出哀嚎，感恩日記在我的人生中無法為任何事負責。什麼死不死？我活得好好的。我既不算大學生，也不是社會人士，只是混沌度日的異鄉遊子罷了。

那天晚上，我把寫了一年的感恩日記撕得粉碎。

■ 不寫感恩日記，改寫憤怒日記

　　就這樣，我開始改寫「憤怒日記」，這就是惡人的起點。「好羨慕進入法學院的朋友。」「不管藝人會承受多大的壓力，但還是好羨慕那種受到無數人關注的生活。」「真羨慕那些一點一點累積學經歷，獲得未來保障的人。」在那些人那樣努力生活時，「我」這個傻子到底做了什麼？我的憤怒開始從關不住的水龍頭傾瀉而出，不停寫下去，一下子就寫了好幾頁。

　　真正承認自己內心原始的競爭心理和欲望，是在寫憤怒日記一個月後的事。

　　我開始想，承認吧，我想要一輛德國進口車，我想住在飯店級裝潢的高樓大廈，我想成為受到異性歡迎的萬人迷，我想得到財富自由，我想要領先別人。比起不想讓別人覺得自己是壞人，卻連飯碗都顧不上的偽善者，我寧願當個即使被指責，也誠實面對自己欲望的人。意識到這一點後，我的人生開始像裝了超高速發動機一樣，全速前進。

　　直到今日，我仍然會在一天結束之際，寫下對當天的憤

怒，而憤怒的狙擊對象必須是「自己」。若是對他人產生憤怒，我會寫下「為什麼我無法達到像他那樣的成就？」「為什麼我不能像他那樣發了狠地過日子？」在嫉妒和羨慕中排除憤怒，人生就只會留下自卑感。

憤怒日記寫了一段時間後，開始有了意外的變化。好像遊戲一樣，「我在這個世界的排名」彷彿漂浮在頭頂上，人人都可見到。當時我在周遭的人群中是倒數第一，這是理所當然的結果。但確認排名後，就會產生無限渴望、憤怒和動力，每天多看一頁書，多聽一分鐘的課。當憤怒的藥效減弱，就再次走進世界，看到比自己優秀的人，充飽憤怒能量，並且不忘記錄當時的感受。

就這樣寫了三個月左右的憤怒日記，我感受到隱藏在內心的「惡人面具」被解放了。於是毫無用處的人際關係、凡事得過且過容易滿足的怠惰態度、迴避問題不得罪人的膽怯習慣等，這些默默啃噬人生的病毒一一被擊碎。「其他都不重要，只有成功是唯一」，這個目標一旦確立，接著就意識到我的人生中有太多用「人性化」包裝的多餘情感介入，罪惡感、同情心、自我安慰、偽善……這些也被一一撕除。

在此特別聲明，我並非完全否定感恩日記的效果，我認為根據每個人的狀況不同，還是可以利用積極的能量來改變人生。當時的我並未完全理解感恩日記的概念，並未把它當成在

竭盡全力努力後，偶爾覺得疲累時可以獲得能量、找回自信的工具。反而把它當作記錄「不需努力的理由」的工具。我是個完全不適合感恩日記的人，如果你也是用感恩日記將一切合理化的人，那麼現在就停止吧！或許在寫感恩日記的當下你會得到心靈的安慰，但在你的人生中絕對不會發生「戲劇性的變化」。不要把你的野心與安慰放在同等的位置，如果非要寫感恩日記，感恩的對象應該限縮在「圍繞著我的生活環境」：

■ 可以免費看很多書的圖書館。
■ 讓現代人可以比中世紀的人多活五十年的先進醫學技術。
■ 有舒適桌椅的讀書空間。
■ 冷的時候有暖氣、熱的時候有冷氣的現代科技。
■ 就算在圖書館待到半夜，回家也不用太擔心安危的治安。

　　這樣看來，這世界多美好啊？左腦感恩能生活在這樣的世界裡，右腦則要冷靜地批判，對在這樣好的環境下卻過著怠惰生活的自己感到憤怒。我用這種方式寫憤怒日記寫了十年，就算再忙也會堅持至少兩天寫一篇。在同年齡的男性當中，擁有前百分之零點一的經濟實力，但看見那些比我層級更高的人，對於明明和他們身處同樣的時代，卻還未能達到他們那種等級的自己感到非常憤怒。現在，你也馬上對「自己」憤怒吧。

■ 實踐 ■

立刻	一週	一個月	三個月

　　準備一個小筆記本，或是記錄在筆電中也可以，不過用手寫最好，若覺得麻煩就利用電腦。不需要寫得很長，一天寫五句就好。這樣經過一週、兩週，就會發生驚人的變化。

　　「今天在咖啡廳看到一個還不錯的女生，接近我的理想型，但隨即出現一個看起來像男友的人把她帶走。那個看似像男朋友的人和我年紀差不多，卻開著拉風的進口車，太羨慕了，不知道他如何成功。我真的很氣自己，我和他應該差不了多少，但為什麼只有我停留在原地？」

　　類似這樣簡短地寫下。觀察力敏銳的讀者應該可以發現以上的例子並不是「對他人的憤怒」，而是因為他人而激發內心的「惡人想法」。重要的不是把箭射向他人，而是要朝向自己。

實踐筆記

_____

_____

復仇不是發怒，而是證明

　　如果你期待看到經過一次機會就能克服所有危機，像典型的成長小說那樣的故事，那麼在此要說聲抱歉。憤怒日記一百八十度改變了我的人生，但效果並非在一夜之間就能顯現出來。雖然每天都在寫憤怒日記，但同時我還是努力想挽回女友，因此生活還是很悲慘的。我並未因改變而有所成長，而是被瞬間的不幸情緒左右，過著焦慮的生活。

　　為了讓她回心轉意，我不停地傳訊息、打電話，結果她完全封鎖了我。但我始終沒有放棄，因此做出了更激烈的行動。

　　我跑去最大的書店「教保文庫」，花光了當時身上全部財產 740 元＊，買了一本她曾經心心念念想看的書。回到家後包裝得漂漂亮亮，然後在她家門口等了四個小時，好不容易等到她出現，我遞上精心準備好的禮物，她露出不情願的表情勉強

＊原文為韓幣 3 萬元。為便於讀者閱讀，本書所有金額皆已依照 2023年匯率 1：0.025，從韓幣轉換為臺幣。

收下。當時的我只顧著想帶給她「驚喜」，看看有沒有機會讓她改變心意，但對她來說，這只是自私的人做出的無理取鬧行為。

那天晚上，我在她朋友的臉書上看到貼文，是一張她的朋友們拿著我送的禮物大笑的照片，照片下面充斥著譏諷我的留言。他們都是後輩，身為前輩的我卻成了他們的笑柄。對我來說極度痛苦的離別，卻成為別人任意調侃的玩笑。他們為什麼那樣，我不得而知。也許我沒有意識到，對他們來說我不是什麼好人。看著那些留言，我的手不停發抖、心臟急速跳動，完全無法入睡。輾轉難眠好幾個小時後，我重新翻開憤怒日記，寫道：

　　她的朋友們為什麼要那樣做？我好憤怒，但我也知道，她並沒有錯，她已經默默忍受我一年沒有未來、沒有前途的生活。是我硬塞給她根本就不想要的禮物，是我的錯。如果想再與她復合，就不應該送禮物，而是改變自己。到此為止吧！不要再聯繫她，不要再要求她用不知還有沒有殘餘的感情來愛我，與其這樣還不如好好努力取得成功給她看。也許不可能再復合，但只要讓她覺得孫秀賢不再那麼令人失望，就足夠了。

我不得不壓抑自己的情緒，否則不知道會做出什麼事。我

刪除了她的聯絡方式，切斷所有可能的聯絡管道。但即便如此，我的心卻無法輕易放棄，我還去尋求專門幫助人「復合」的諮詢服務。一個笨拙而又幼稚的二十出頭的「惡人」，就這樣邁出了第一步。憤怒的日記越寫越長，雖然非常痛苦，但也感受到「人生到現在才朝著正確方向前進」的模糊意識。

經過了四年時間，曾經想著「我怎麼可能會有自己的車呢？還是靠雙腳走路就好」的我，不知不覺已坐在自己的賓士車裡。回想起四年前的往事，我像被什麼東西迷惑一樣，打開了導航，目的地就設定為大學母校。

車子抵達學校，我把汽車音響的音量調到最大，搖下車窗，在校園裡來回繞著。大家都用「那個瘋子在發什麼神經」的眼神看著我，但我無所謂，即使沒有人了解，我也想給自己一個補償。她已經畢業很久了，我很清楚她不在校園裡，但這樣度過了幾個小時以後，幾年來的陳舊傷疤似乎已痊癒了。

那天，我再度成為臉書上的明星，「○○大學論壇」上刊登了攻擊我的貼文，說我擾民。又不是開藍寶堅尼，只不過是賓士，有什麼好神氣的，該不會是精神病患吧？（猜對了！）各種留言不斷，那些人說的都對。當時我太年輕，於是回覆留言鄭重道歉，我坦承因為在學校時經歷了非常痛苦的事而感到自卑，為了消除遺憾，才會做出那樣瘋狂的行為，向大家道

歉。回覆留言後，事情漸漸平靜，陸續有人在我的回覆下按「讚」。羞愧湧上心頭，但與此同時，也感受到了難以言喻的快感。我真是個變態的人。

　　過了幾天，她主動與我聯絡，不知道她聽到了什麼傳聞，所以傳訊息要求我別再做那些奇怪的舉動。幾年前剛分手時，我不分早晚地糾纏，她也傳過類似訊息給我，但與當時不同的是，這回我看了只是笑笑。就這樣，我終於告別狠狠改變我人生的她，我很感謝她。那天對我來說很特別，沒有什麼值得寫入憤怒日記的事，我久違地寫下了感恩日記。

■ 在臭水溝裡尋找鮮花

　　現在的我是一間奇妙公司的代表，或許你聽了會嗤之以鼻：「還有這種公司？一個月可以創造超過 86 萬元的營收？」

　　二○一二年，與女友分手後的我，像是處於尚未展翅的蛹的階段，雖然找到了憤怒日記這個工具，但本身仍缺乏內涵，也沒有明確的規畫和夢想，對成功的方法沒有頭緒。當時我想過報考公職，但老實說自己也很清楚，我的頭腦並不好，更何況公職人員考試競爭激烈，我去報考肯定只是浪費時間，最後還是一事無成。我也想過創業，但沒有創意、資本、人脈。一個被記三次警告後退學的人，又有誰會相信並願意投資呢？現實令人絕望，我甚至想回到過去把自己狠狠揍一頓。當時的我對未來完全沒有方向。

　　「危機就是轉機」，當我在書裡看到這句話時，只覺得是那是幸運成功的人隨口說出的話，就連出現那句話的書看起來也很無情，「根本就不知道我的狀況……」當時，我從未想過這句話會貫穿我的人生。對我來說，與女朋友分手是人生的莫

大危機，我一邊寫著憤怒日記，一方面卻無法放棄與她復合的想法。在臉書上發現自己成為她朋友們的笑柄後，曾絕望地想捨棄一切，但過了幾天後，我的心又開始動搖了，試圖挽回她的想法又再度燃起。想想自己實在很愚蠢，我需要一個全新方法，於是我決定借用別人的智慧。

我在網路上搜尋了好幾天，終於發現一間很奇特（？）的公司，他們的業務是以心理學和統計學為基礎，提出讓分手情侶重新復合的高成功率方針＊。該公司主張談戀愛也有明確的方法和公式。當時的我半信半疑，也許現在看著這本書的你也是如此。我一直相信「愛情沒有方法和公式，唯有真心相待」，但那家公司的主張完全與我相反。從某種角度來看，還真有點像宗教團體，只憑幾條短短的訊息就能挽回對方的心，這根本不切實際。

但他們真的與其他公司很不一樣。我幾天不睡覺瘋狂搜尋，發現其他類似公司提出的解決方案都大同小異，一再強調真心誠意，但卻沒有具有實質效益的策略。我抱著抓住最後一根救命稻草的心情，向那個「奇怪的公司」申請諮詢。但諮詢要錢，我幾乎已經身無分文，父母也早已不再信任我。百般無

＊提出為了與分手的戀人復合，必須遵循的方法指南，例如傳送訊息的內容和傳送時機。

奈之下，只好硬著頭皮打電話給好幾年未聯絡的阿姨，吞吞吐吐地向她開口借錢。幸好阿姨沒有過問太多，爽快地答應了。

提出了預約申請，在等待之際，我先看了諮詢師寫的專欄，感覺不太一樣，不同於一般在網路上常見的從星座、血型分析，或是提出向上天祈禱復合等這種不科學、漏洞百出的方法。我的心裡開始興奮了起來，瞬間迷上了那間公司。

隨著時間的流逝，我的焦點開始從如何與女友復合轉往其他方向。我想成為諮詢師，我想幫助像我一樣受傷的人，提供解決方案給他們。我有自信比任何人都能對飽受離別之苦的人產生共鳴。尤其是經過長時間等待接受諮詢的期間，想成為諮詢師的想法更加堅定。在此雖無法細述，但當時諮詢師提出的解決方案非常與眾不同。不過我並未照著做，因為我的目標已經不是復合，而是著眼在自己的未來。我買了一本新的筆記本放在憤怒日記旁邊，取名為「分析筆記」。

我用自己的方法對公司進行分析。公司官網很簡約，設計遠落後於潮流，諮詢聯絡窗口也只有一個電子郵件地址，傳送郵件後久久不見回應。諮詢師只有兩名，幾乎沒有任何行銷宣傳，只憑著寫得很有邏輯的戀愛專欄以及各種復合的案例勉強維持運作。一般人看到，應該會直覺以為是詐騙公司吧。

如果不是觀察力敏銳，能從專欄內容中發現其價值，或真正迫切渴望復合，我想應該不會有人選擇這間公司。這是一間

問題重重需要整頓的公司，但我相信未來的發展會突飛猛進。雖然缺點不少，但只要有一個優點就能壓倒一切，我深信不疑。

我思考著，是要把這間公司當作樣板自己創業，還是直接去應徵呢？當時在我身邊為數不多的朋友建議，那間公司根本名不見經傳，做的業務看起來也沒有什麼門檻，既然有興趣不如早點自己開公司。也有朋友說，乾脆去借錢弄個類似的網站展開事業。我的想法不一樣，寫憤怒日記的這段時間，我內心逐漸浮出惡人本質，但還不到要「剝奪別人的東西以取得成功」。那樣做是卑鄙小人，不是惡人。而且一個二十二歲被大學退學的毛頭小子，根本不確定自己能否帶領一間公司。現在很慶幸當時的我還有那麼一點自覺。

那麼，直接去應徵是不是比較好？可惜實際上也有難度。在接受諮詢後，我得到「不懂得戀愛」、「沒有領導能力」、「完全沒有戀愛意識」等冷酷的評語（現在回想起來都是事實）。公司當然會想招募有潛力的人，一個在戀愛上經歷挫折殘破不堪的人，來應徵戀愛諮詢師，不用想也知道八成會被打回票。況且多年來公司只有兩名諮詢師，看來內部情況可能也不是太好。

我在期待與放棄之間反覆來回，不該進這間公司的理由越來越多，薪水合理嗎？未來有發展性嗎？會不會我進去後才發

現其他人都走光了？我的意志像蘆葦一樣搖擺不定，但有一個想法很堅定，就是「我渴望幫助別人解決戀愛問題！」我相信，即使一個月賺不到 3 萬 7 千元，但只要是自己喜歡的事，志業和事業是可以結合的（不幸的是在入職兩年間，薪資 3 萬 7 千元成了現實）。於是我決定正面進攻，先培養好能力，再正式遞出履歷。

那兩年我過得一點也不輕鬆

　　大學平均學分相當於零分，沒有任何英文能力證明或資格認證，沒有社團活動經驗。在我下定決心展開新生活之際，回頭看看自己的人生成績單，實在慘不忍睹，只有玩和享樂。這是血淋淋的事實，無論我怎麼思考，都找不到能在眾多競爭者中生存的縫隙。現在才要累積學經歷，早已落後人家一大截了，那些學分根本無法追回。憤怒日記內容越寫越多，在我身邊連個可以作為人生導師的人都沒有。不過所謂的人生導師，也是那些有理想、實實在在的人才會遇見的貴人。

　　雖然我經常聽成功人士的經驗分享，但那都不切實際，對於慘烈的失敗者來說，矽谷新創企業家的故事絕對不可能發生在我身上。以電玩遊戲來比喻的話，就像初入門的菜鳥在聽職業玩家的講座一樣，根本無法理解。我的起跑線落後別人太多，感覺一天比一天更氣餒。早知道就多接觸一些人，早知道就多認識一些值得學習的人，這些後悔念頭一直折磨著我。

　　在沒有答案的情況下，我想起在身邊唯一一個逆轉「沒有

答案的人生」的人，就是我曾經怨恨、想要擺脫的父親。我和父母的關係很不好，詳細情形容後說明。總之，我想起了那個「怨恨的榜樣」，沉思了好幾天，腦中浮現小時候的記憶。

　　小時候我們家窮得要命，父母和我一家三口住在像考試院那樣的簡陋小套房裡。父親是師範大學出身，那個時期的師範大學可說是鐵飯碗保證，雖然入學很困難，但只要考上並順利畢業，不需經過聘用考試就可以擔任教職，可說是最能保障未來的學校。但父親在就讀期間因從事學生運動而被關進監獄，出獄後沒有學校願意聘用他，家裡只好由母親勉強維持生計。什麼都不知道的我，當時只覺得一家三口擠在一起睡很幸福，小小年紀對貧窮一點概念也沒有。

　　幾年過去，家裡的狀況逐漸變好。從只有一個房間的小套房搬到二房的屋子，再從二房換成三房公寓。小學三年級時，我第一次擁有自己的房間。年幼的我只覺得「日子過著過著，不知不覺家裡就變大了。」我突然好奇當時到底發生了什麼事，讓家境一下子獲得改善。我打電話向關係很尷尬的母親詢問，她才娓娓道來。

　　我出生時父親已經三十歲了，對於一個一直以來只遵循自己信念而活的男人，如今多了一個有自己血緣的責任。父親出獄後開始工作，他什麼都做，貧困農家出身的他種過辣椒，後

來在夜總會擔任外場服務人員。工作幾個月後，有一天父親喝得爛醉回家，第二天就辭掉工作。母親不解，但父親一直保持沉默，直到幾年之後才說出口。原來那天父親的大學同學正好到他工作的夜總會聚餐，其中不乏順利當了老師的人。父親成了為他們服務的人，他的自尊心破碎殆盡。記得當時父親的衣服上總是有濃濃的菸味。

隨著時間流逝，父親以師範大學的學歷，開始在一家小補習班工作。就是從那時開始，家境很快獲得改善。還記得那時家裡開始出現一些以前沒看過的家具，後來換了更大的房子。父親成了補習班著名的猜題講師，據說他的命中率驚人，簡直到了不可思議的地步。消息傳開，許多學生慕名而來，父親名聲大噪，收入也越來越多。

賺了很多錢的父親站在抉擇的十字路口。經過時間平反，當初因罪入獄的父親後來被改判無罪，恢復了名譽。那麼現在是要成為正式教師到學校執教？還是繼續以補習班明星講師的身分賺更多錢？父親選擇了前者。雖然收入因此下滑，但終於回到穩定的生活。我的父親是個視名譽比金錢更重的人。

聽完這個故事，我很好奇當時父親到底是用什麼方法，才能如此神準地猜中考試題目。雖然時代變了，所謂的「明星講師」層出不窮，但是他們的猜題命中率與全盛期的父親相比，根本就不算什麼。當時父親既沒有四通八達的人脈，也沒有任

何情報來源，他是如何擁有這麼精準的洞察力呢？真是令人費解。雖然當時我和父親的關係形同冰點，但還是硬著頭皮向他詢問祕訣。

父親的回答很簡單，所有答案都在「閱讀」裡。父親表示，不斷閱讀大量的書籍，獲得知識，透過報章雜誌掌握社會趨勢和焦點，再配合近期的出題走向，就可以輕鬆預測考題。雖然不能百分之百準確預測所有問題，但命中率還是很高。聽了之後，我尷尬地道謝，然後掛斷電話。

我決定原封不動複製父親的方法，模仿父親從起床到睡前一直把書帶在身上。當年父親在沒有未來的情況下，用書改變了人生，那麼或許現在的我也可以。相隔三十年歲月，我們父子倆的時間開始流經相似的道路，這是我人生中最好的選擇。

我決心透過閱讀改變人生，並發下豪語要「看完圖書館裡所有的書」，整天都待在圖書館裡。雖然念到大學，但造訪圖書館的次數屈指可數。自從下定決心後，我每天都到圖書館報到，我想這樣人生應該就會一點一點地改變吧！

但遺憾的是，我有一個該死的「天賦」，就是我動不動就會陷入消極的想法之中。希望各位沒有忘記，我到現在還是每天得吃十四顆精神科藥物的精神病患。我實在無法靜下心來看書，只要看十分鐘左右，我心中的消極人設就會開始竊竊私語。

「現在看這書真的能為人生帶來什麼變化嗎？別作白日夢了。」

「你該不會以為這樣就可以逆轉什麼吧？」

「你怎麼知道這本書說的是真理還是歪理？錯誤的學習使人生更加複雜。」

「有這種時間還不如去網咖，不要給自己製造壓力了。」

「別人都有實實在在的學歷，你什麼都沒有，現在才來看那麼多書有什麼用？」

我快要瘋了，幾乎患了閱讀障礙。在圖書館時，腦袋裡妄想的時間比看書的時間更長。即使從早到晚一直坐在桌子前，卻連二十頁都讀不完。照這樣下去，我肯定會失敗。

父親和我的人生明明就很相似，在同樣看不到未來的情況下，父親只靠閱讀的力量就逆轉人生，但那是因為他具有超人的集中力，一旦打開書本，無論誰在旁邊吵鬧都充耳不聞。可惜我沒有那種才能。

我頓失信心，收拾好東西回家，那時是我第一次覺得閱讀很可怕，每當試圖翻開書本時，額頭彷彿被烙下「集中力遠遠不足」的烙印。本想徹底放棄，但憤怒日記鞭策著我，我無法停止又恐懼挑戰，真是快被折磨死了。某天晚上，我突然感到窒息，像發了狂似地跑出圖書館。

我背著背包開始跑步，直到氣喘吁吁快倒地為止，大概跑

了一個小時左右，渾身都被汗水浸透。然後我回到家裡，照著自己在憤怒日記中寫的，坐在書桌前重新翻開書，神奇的事發生了，一直在我心裡吶喊否定話語的那個傢伙似乎消失了，我第一次感到如此平靜。「就是這個！」那天我極度專注，心無旁騖地讀完眼前的書。

每天早上醒來的同時，我就會假想這一天可能會遇到的最糟狀況，這是種特別的能力。「那樣做根本行不通」、「我沒有那種資格」、「憂鬱」，眾多負面想法阻礙我的前進。當時我每天晚上都會夢見被女友告知分手的那一瞬間，就像四周布滿攝影機從各種角度拍攝著我的難堪，那樣開始的一天不可能會幸福。

但這方法對我來說似乎有效。早上起床後，我會先看完昨晚寫的憤怒日記，然後立即穿上運動鞋出門。只要跑四十分鐘，就會奇蹟似地轉念。但因為我是天生具有負面想法的人，所以奇蹟的時間大概只會維持三個小時左右。過了這段時間，我內心的悲觀論者就會甦醒，開始在我的腦海裡揮刀。我把這三個小時的奇蹟稱為「機會之窗」。就像在重訓後攝取蛋白質，可以修復被破壞的肌肉組織，肌肉會生長得更多、更好。對我來說，在運動之後的這段時間不只是肌肉成長的機會之窗，更是學習的機會之窗。

但是只要過了三個小時，我一定會再次回到原來的消極人

設。每當這時，我都會埋怨自己這該死的性格，但我還是會重新穿上運動鞋出去，再跑四十分鐘。跑到精疲力盡才回家，第二次機會之窗會再次打開。每天反覆三次，最多四次，讓閱讀成為生活的一部分。

過去的我認為只要強迫自己下定決心，就足以積極面對。但是，只是下定決心，意識並未改變，這是我在強迫自己運動、流汗之中領悟的道理。「下定決心」最終也必須靠身體力行，沒有任何事只要下決心就會自動實現。自信？浩然之氣？無限樂觀？如果不是與生俱來，那麼任何人都必須移動身體才能獲得這些東西。或許「所有事情都取決於你的決心」這種建議很容易脫口而出，但對於像我這樣無法控制，對所有事都充滿消極想法的人來說，是完全沒有任何幫助的建議。

所以我選擇了雖然有點無知，但卻最明確、單純的方法。如果頭腦裡開始充滿雜念，我就會立刻先起身到外面跑步。除了跑步，其他運動也成為我日常生活中不可或缺的一部分，甚至只要一天不運動就會覺得不安、無法忍受。我對運動上癮，並非單純的喜歡，而是為了能好好讀書、學習、自我開發。有一次我跑得有點過度，結果扭傷了腳踝，打上石膏，當時我在心裡默默祈禱：「拜託快點好起來，如果不能跑，我就什麼也做不了。」那幾天心裡一直覺得很焦慮。

就這樣二年過去了。雖然用文字寫出來只是短短一句話，但實際上卻像穿越看不到盡頭的隧道一樣茫然。我想應徵的公司根本不知道我的存在，我晚上還是會焦慮到睡不著，甚至想：「萬一在這段準備期間中，那間公司倒閉消失了怎麼辦？」擔心自己是不是太魯莽了，為此頭痛不已。每天活在沒什麼獲勝機率的賭局中，或許該制定個 B 計畫？但無論我怎麼想，也想不出什麼好辦法。

　　不斷學習同時又茫然的兩年過去，所幸公司還在，正好有個機會再次申請諮詢，因為那時身邊出現了心儀的對象，為了能持續交往，我提出諮詢的要求。這回安排給我的諮詢師不是二年前那位，而是一名新的諮詢師，姑且就叫他「蝙蝠」吧。當時，我完全沒想到後來會和蝙蝠一起工作八年。

　　那次諮詢結果，成功機率達到百分之百。想想不過才二年，我的成功機率從百分之十上升到百分之百。看著諮詢結果報告，許多想法從腦中掃過。蝙蝠給了我這樣的評語。

　　在近幾年諮詢過的人當中，戀愛智商最出色。不管是戀愛的敏銳度，或主導能力等各方面都很完美。

　　就在諮詢過程快結束時，蝙蝠對我說：「你來當諮詢師應

該也不錯。」幾個月後，我正式加入蝙蝠新創的戀愛心理輔導公司成為基層員工。進入公司後過了幾個月，有一天他開玩笑對我說：「你的運氣真好。當時我正好想離開原本的公司自己創業，正缺人手。」

我回說：「這話你是第一次說，也是最後一次。我這二年過得可一點都不輕鬆。」

蝙蝠和我打賭，他猜硬幣的正面，認為是我的運氣好；而我賭反面，是我的能力發揮了一定作用。我們同時擲出硬幣，在幾年間緊張地旋轉，不知道最後出現的是正面還是反面。就像電影《全面啟動》中不停旋轉的陀螺一樣。未來將展開的事，就讓我慢慢道來。

從基層員工到公司代表

因為蝙蝠突然的一句話，沒有任何經歷的我進入了他的公司，但我真的那麼幸運嗎？二〇一四年我進入了夢寐以求的公司，從基層做起，當時同期進入公司的同事也是競爭者，都是擁有可怕資歷且自信滿滿的人，有人畢業於全國排名前三的Y大學經營學系，有來自東京大學的研究生，還有人已取得會計師資格，有人還是首爾大學的博士，可說是一群超級菁英。而我，被大學開除，既不是大學生也沒有大學畢業的正式學歷。大家圍著圓桌坐，雖然每個人都面帶笑容，但我卻毫無理由地覺得自己特別渺小，同時我還是公司裡年紀最輕的員工。每天晚上我都夢到自己在競爭中被淘汰、被解僱，然後回到半地下室的小套房窩著。

我運氣好嗎？經過十週的競爭，我成為同期進公司的人當中第一個被錄用為正式諮詢顧問的人。但當初找我進公司的蝙蝠，在四個月後因入伍而暫時離開，與他擔任共同經營者的主管（在這裡就稱他為「惡棍」吧）開始盲目投資，最後欠下近

千萬的債務。被我視為人生唯一的公司陷入嚴重的經營困境，員工們紛紛離去，惡棍就像得了嚴重的精神疾病，開始拿公司的錢任意揮霍。越來越沉重的債務拖累了公司，最後連薪水都發不出來了。

當時我的月薪約三萬元，很少準時入帳，遲發二個禮拜是基本，拖上一個月也不是新鮮事。惡棍甚至趁蝙蝠人在軍隊遠水救不了近火，強行奪走他的經營權。公司裡只有我一個人擁護蝙蝠，因此被打上逆賊的烙印，孤身一人與其他跟惡棍站在同一邊的同事對抗。

我運氣好嗎？惡棍常常在外面喝醉酒，一回到辦公室劈頭就罵我，罵已離職的員工，再把所有怨恨都轉嫁到我身上，甚至還會打我耳光。當時所有員工都在同一間大辦公室裡，所以我從早到晚都必須面對他。每到晚上八點，我的心臟就會因恐懼而砰砰亂跳，只能懇切地祈禱那個瘋狂的惡棍今天沒有喝酒。

我運氣好嗎？雖然很多同事離開，但我依然留在公司，堅守自己的崗位，可是離職者留下的工作也全都堆到我身上。我一個月要消化一百多個諮詢需求，我對行銷一無所知，卻要肩負宣傳任務。拚死拚活工作，當然沒有加班費，拖欠薪水已成為熟悉的日常，我唯一的心願是「不要再被打耳光，我想好好工作」。在公司營運困難的情況下，惡棍還帶著自己的親信一起去菲律賓宿霧員工旅遊二個禮拜，把所有工作都丟給我，不

過我並沒有埋怨，因為想到有二個禮拜的時間不會被打耳光，反而感到很高興。

當初想與公司一同成長，讓公司茁壯的年輕霸氣也漸漸消退了。但我仍等待著機會，即使身心疲憊，也不會閉上內心的眼睛，我沒有放棄探索的機會，如姜太公一般等待是我最擅長的事。為了進這家公司我付出了二年時間，培養出的耐力支撐著我，而我私下也與在軍隊裡的蝙蝠保持聯絡，在無奈中互相安慰。

這個故事最後的結局如何呢？因身體狀況而提早退伍的蝙蝠和我齊心協力，後來又創建了另一間新的公司，就是現在的「ATRASAN」。我在二〇一六年正式成為代表，負責公司所有營運。

再回到一開始的問題，我真的運氣好嗎？寫到這裡，我覺得我的運氣還真是不錯，決定好要走的路線後靜靜等待，等待時機成熟，造就了今天的地位。看起來像是省略了從一到九的過程，直接從〇跳到十的人生。只丟出一個「憤怒日記」的關鍵詞，告訴大家「我就是這樣成功的」，這樣的我，到底算不算惡人？

接下來，我會告訴大家那隱藏的一到九的過程，我用什麼方法磨練實力，如何做出最好的決策，以最短的距離朝十邁進。

惡人的生活不自在，
但善良的人生活不幸福

惡人恆勝的理由

　　正在看這篇文章的你，光是看到《惡人論》這個書名時，是否會認為這是一本勸人成為「這個領域的瘋子」來過人生的書？先冷靜點，還沒正式開始，目前只是熱身階段。如果心裡已經接受「惡人」生活是成功的捷徑，那麼接下來就該用腦袋來理解為什麼要這樣做了。

　　惡人恆勝的原因其實很科學，如果從腦科學與心理學來看，就能理解。

　　想分析某種現象時，最簡單的方法是觀察與其相反的情況。因此要想分析「惡人會成功的原因」，就要仔細觀察「沒能成為惡人的平凡人失敗的原因」。以下就以一間假想的公司為例。

　　A和B同期進入這家公司工作，兩人從同樣的起跑線開始。A是一個非常誠實善良的人，但說穿了就是一般的平凡人，總是像機器一樣把上司指派的工作處理完成。A總是擔心，上司覺得我能力不佳怎麼辦？上司當面斥責我沒有想法怎麼辦？我

可以自告奮勇說想進行專案嗎？萬一別人說我愛出風頭怎麼辦？各種雜念折磨著他，結果 A 陷入完美主義的泥淖，提交的企畫案都被推翻了。就這樣反覆了幾個月，最終變成什麼都不敢嘗試的人，只是被動處理上司交辦的業務，不敢再提交新的企畫案。如果被批評和指責，整個人就會陷入崩潰混亂。

　　B 的個性正好相反。面對上司的指責，他會在心裡對自己說那是「理所當然」，「工作哪有不挨罵的？不用在意！」B 也是人，被指責當然也會受傷，但是至少他會提出想法，就算結果不完整也能得到反饋。雖然經常被訓斥和質疑，但是在這個過程中，B 反而將受到的刺激寫在憤怒日記中。他的野心越來越大，欲望也越來越強烈。雖然入職時 B 的實力不如 A，但隨著時間流逝，兩人的成功圖表呈現出不同的樣貌。雖然同是職員，卻過著完全不一樣的生活。

　　當然每間公司的文化或氛圍不同，對以上這兩個角色的評價也會有所不同，我不能斷言哪個職員比較有能力，比較容易獲得好評。但有一點是肯定的，就是我們的時間並非無限，可以投入到工作中的能量也不是無窮無盡。

　　雖說 A 總是竭盡全力做好工作，但因為擔心被上司或他人指責的罪惡感、後悔、焦慮和同情心等無意義的情緒，都是在浪費自己寶貴的時間和能量。成功之路像跑馬拉松，大腦奮力奔跑，但你卻親手將多餘的情緒沙袋綁在上面，大腦被折磨得

智力、判斷力都變得模糊，能量很快就會耗盡。

而 B 則相反。失敗？那又怎麼樣？惡人的本質會把那當作憤怒日記的主題，「事情搞砸了，就寫在憤怒日記上吧！」從面對並嘗試這一點來看，B 就占了壓倒性的優勢。B 從成功的最大障礙——「完美主義」和「他人的評價」中脫離，把失敗當作學習，成功也不吝給自己鼓勵。若具備了「先嘗試」的想法，那麼就會從被動化為主動，透過無數的反饋進入比別人更快成長的良性循環中。無論做什麼都能獲得寶貴的經驗，就算在失敗中也會取得小小的成功。

B 的大腦從「必須完美」的壓力中擺脫，就像惡人的大腦，不看他人眼色，成為自己工作和生活的主人。如此一來，混亂的大腦結構就會整理得乾乾淨淨，從完美主義泥淖中脫離，大腦開始向成功邁進。

也因為這樣，惡人往往被誤解，被罵無禮、不會看眼色，被人指責實力不夠還老是丟出一些沒有用的想法，甚至被批評愛出風頭、不合群。但那又有什麼大不了的呢？寧可一時被別人當作怪人，也不要在公司待了好幾年還是得到「無能」、「不負責任」的烙印。如果只顧著擔心別人眼光和評語而迴避內心真實的聲音，從來沒有照著自己的心意和想法做些什麼，那樣的人生才是真正最「惡」的人生。

生活的態度很難一下子就改變，但你可以有意識地一點一

點調整。在過去一年寫這本書的過程中，我研究了許多名人的成功事例，得到的結論顯示，他們起初也像職員 A 一樣，只是誠實平凡的人，害怕上司指責，對別人會如何評價自己感到戰戰兢兢，害怕自己在別人眼中是個沒有用的人。但是成功的人都是在某個瞬間度過人生的某個坎，點燃內心的開關，也就是轉換成「惡人模式」的開關。那個瞬間會是什麼時候因人而異，總有一天，你也會迎來把毫無用處的情緒拋開，開啟奔向成功的「惡人模式」開關的瞬間。

以下舉個例子。假設你是朝鮮時代的一名士兵，每天辛苦訓練，只有一天因為喝得爛醉如泥呼呼大睡而沒參加訓練。等你醒來，發現自己被繩子綁住，跪在將軍面前。將軍對你說：「為了徹底端正軍紀，我將判處你死刑。」

是的，判你死刑的那位將軍正是韓國歷史上最偉大的聖雄，李舜臣將軍。

在極端困難的環境下反覆進行無數次訓練，你只不過為了暫時緩解因戰爭疲憊的心靈而喝了點酒，未能參加訓練，難道這樣就得賠上寶貴的生命嗎？在這種情況下，你又能說出：「軍令如山，我完全可以理解您的決定。您是英雄中的英雄。」然後坦然赴死嗎？我想應該很難。而李舜臣將軍這一時無情的「惡人行動」造成什麼結果呢？這讓朝鮮水軍瞬間繃緊神經，整頓軍紀，勇猛對抗難纏的倭軍，連戰連勝，最後保衛了祖

國。李舜臣將軍並沒有被一時的人性情感左右，而是做好了被指責冷酷無情的心理準備，完成自己應該做的事。最終他也達到了目的。

看完這一章，我想在你心中不同的自我正在發生激烈衝突，也就是你一直戴著的「善人」面具，和平日總在內心嘲諷你的「惡人」面具在對峙，而後者就是打開成功之門最可靠的鑰匙。現在開始並不遲，請傾聽內心那讓你不舒服的聲音。

現在是不是有點熱身的感覺了？成為惡人的起步就是消除妨礙自己成功的一切，只有這樣，大腦才能恢復到最佳狀態。我每天都忙於完成各種不同任務，根本沒有時間浪費在擔心世人對我的負面評價，不值得把能量消耗在悲傷、自責的情緒上。肅清那些為忙碌的人生帶來無用壓力的「干涉者」，這就是繼寫憤怒日記之後，成為惡人的第二個步驟。

你的盡孝只是自我安慰

　　你被一條看不見的橡皮筋綁住，每當想朝向惡人之路邁進時，那條橡皮筋就會拉住你，讓你回到平凡的生活中。將你的「抱負」歪曲成「錯誤的欲望」，把「創意」扭曲成「虛幻的妄想」，將「合理的個人主義」歪曲成「不合理的利己主義」。這條橡皮筋非常結實，讓你的能力連一半都發揮不了。

　　再回到我寫憤怒日記那孤獨的兩年。未能實現抱負的憤怒，在我體內一點一點累積，從金錢到他人的認同和尊敬，還有內在的自我實現……我必須盡快把這一切都掌握在手中。我全力閱讀，因為沒錢就遍尋免費講座去聽，我發了瘋似地奔跑，當倦怠感來襲時就寫憤怒日記對自己喊話，但是我無法消除內心三不五時浮現不舒服的感覺。雖然眼前有了抱負，但事情並沒那麼容易解決，因為有一條「看不見的橡皮筋」，就是我的家人。

　　或許某些人看了會有不好的感受，但我還是必須說：

我認為阻礙人類前進的最大障礙是「父母」。

惡人應該自由，不能被任何人牽絆。也就是說，如果有妨礙自己判斷和信念的因素，不管是什麼都應該放棄，即使是父母也一樣。

我高中就讀外國語高中，也就是所謂好學生聚集的學校。但其實我的成績並不突出，只是根據當時的入學制度，為求公平，每所中學都必須平均提供配額給不同程度的學生。因此雖然我國中念的學校不好，成績欠佳，但還是進入外國語高中就讀。

只是不幸從此開始。父親就在我就讀的外國語高中任教，根據規定他必須教其他年級，但光是和父親在同一所學校就足以讓我感到窒息。父親在其他學生口中被譽為「天使」老師，不以成績高低來評斷學生，不管對誰都給予同等的愛。如果有學生向他尋求諮詢，就算要花上好幾個小時他也會傾聽。

但遺憾的是，他也是一個人，對「兒子」並未用同樣的標準。

無盡的壓力不斷打壓著我。他的邏輯是「你原本又不差，為什麼在這裡成績變成這樣？」當時十七歲的我知道「這一切都是為我好」，努力去理解父親。就這樣，在父親的期待下過了一年，我的內心已經充滿了反抗和自卑，「惡人模式」的開

關也慢慢開啟。

　　父親不只三不五時對我嘮叨，還會突然大發雷霆，這些對我的學習和未來沒有任何幫助，這想法在我心中越來越堅定。某天，和往常一樣父親開車載我回家，在停等紅綠燈時，父親不忘對坐在一旁的我嘮叨，這一路已經嘮叨了二十多分鐘了，我只是靜靜地聽著。他說：「隔壁班的某某在下課時間也不浪費時間，勤背英文單字，你成績已經不如人了，還敢趴著睡覺？」指責我懶惰，讓他心寒。

　　我看著不斷訓斥我的父親說：「哪怕只有您學生的一半也好，希望您能稱讚我。」父親回說：「你當我是耶穌嗎？對兒子怎麼能像對待其他孩子一樣呢？」

　　「既然如此在學校就不要假裝是耶穌了。希望您在心愛的學生陪伴下過著幸福的生活，因為看來我是沒有那種資格了。」

　　我說完就打開車門下車，還在停等交通號誌的父親驚慌失措，我不顧一切地跑了起來。這或許是我成為惡人的第一步，當下我感到極度內疚，卻也同時得到解放的感覺。父母只有在感受到「孩子好像在某種程度上變得不聽話」時才會有壓力。

　　當時其實我尚未意識到「惡人」這樣的概念。雖然是衝動的行為，但當天的經歷卻成了我日後作為惡人果斷決策的一種養分。

我下車逃走沒多久，手機開始瘋狂響起。一個小時內，未接電話就超過了二十通。在我心底那個該死的「好兒子」吶喊著：「你不覺得對不起爸爸嗎？你只要再努力一點，爸爸就會認同你了，快回頭道歉吧！沒看到電話一直響嗎？可見爸爸有多愛你！」但是，我心意已決。

　　不知不覺過了深夜，時間已接近凌晨六點。父親似乎一夜未眠，持續每小時打一次電話。或許等天一亮，父親就會去報案吧。我猜想這樣一來，他應該不會再隨意干涉我的生活，所以第二天還是若無其事地去上學。我原本打算如果父親不改變，我就要離家出走至少一個月。在那起事件發生後，成績成了我們父子之間的禁忌話題。

　　斷然甩掉父親干涉後，隨著升上高年級，我的排名也日漸進步。高一入學時我在全校同級一百二十名學生中排名第一百一十九名；升上高三時，我已經進入前十名。我了解到「與父母斷絕」反而為我帶來自信，以及展現能力的內心平靜。

　　請不要誤會，我並不是什麼天才，只是向父母宣告獨立，拋下「如果違背了他人的期待該怎麼辦」的無謂擔心，讓大腦淨空，每天努力學習十二個小時。如果高考成績優異，那這就會是個完美的故事，但神並未賜給我完美的成功。

最好的孝道是最終能讓父母感嘆

　　與平時的實力相比，我的高考成績並不理想，但仍進入了一間算是有名氣的大學，當個無憂無慮的大學生，我還幸運地成為系學會副會長。在自由的大旗下，我像脫韁野馬一樣生活，一整年之中，沒喝醉的清醒日子屈指可數。

　　不知不覺就要畢業了，我這才發現畢業需要的學分我還有五十個未修完。我知道這令人難以置信，大學期間，我無視專業必修課程和最低學分的要求，只聽自己想聽的課。我認為上大學不是為了獲得學位，而是為了獲得成功所需的智慧而學習的地方。現在回想起來，那只是沒有用的知識優越感。我的成績單上都是無助於畢業的各種教養課程學分，當同學們都有條不紊地進行畢業準備之際，我依然過著我的太平日子，現在回想起來自己也覺得很荒唐，我絲毫沒有為未來做任何打算。

　　此後經過兩年，經過一番曲折，我終於進入了改變我人生的公司，想到人生就此一帆風順，我興奮地打電話給母親。當時我沉浸在很大的錯覺中，以為母親聽到了也會為我高興，

心臟激動地撲通直跳。但接到兒子電話的母親，除了一開始「喂」的一聲，一直到通話結束，都沒有再說過一句話。對於「兩年來一事無成」的兒子，父母應該度日如年吧！但我太興奮了，沒有注意到母親的心情，我只告訴她要相信我，並說我會再另外打電話給父親。

第二天，父親先打電話來給我，劈頭就用不滿的聲音質問要去什麼公司？看到了什麼發展性值得投入？「你念的大學不錯，也不是沒有外語能力，你還是去姨丈的外商公司上班吧。」簡單來說，父親就是要我靠關係進入外商公司就業。掛上電話，當天晚上我傳了訊息給父母。

「我的人生由我自己開拓。我承認大學時期並不認真，但我清醒了，我已經打起精神鑄磨自己的刀劍。我寫作且不停止閱讀，最後終於找到得以發揮能力的公司。或許我的判斷不一定正確，但未來誰也不知道。只是沒想到連把夢想告訴爸爸的機會都被剝奪了，所以我只能傳訊息。我會換電話號碼，未來半年可能不會再聯繫。如果半年後的結果顯示我的選擇失敗的話，我會回家。但現在請暫時從我的人生抽離，對不起。」

發出訊息當天，我就換了電話號碼，就像人間蒸發一樣。雖然豪爽地發出訊息，但老實說我也很恐懼，擔心到時自己可能真的無法堂堂正正地面對父母。那天晚上我完全睡不著，那是我人生中流過最多眼淚的一夜。

但是成為惡人最重要的原則就是：「不要讓他人的干涉妨礙我的人生。」就算是最愛自己的父母，也不能違反這個原則。拋開父母這最大的干涉者，會發現人生的每個時刻都令人激動與振奮。不只父母，如果單純只是為了得到安慰或因為歉意而勉強維持的關係，都必須暫時遠離。等到將來，當你的人生步上軌道一路順遂時，再跟他們聯繫也不遲。既然決定以惡人的身分奔跑，就難免會面臨與重要的人暫別的時刻。

我經常想，如果當時聽從父親的話，我的人生會變得怎麼樣？如果按照父親的安排，靠關係進入姨丈的公司，也許會取得適度的成功，但我的餘生都會過得很不開心。以孝順的名義自我安慰，迴避真正想做的事，一切只為了讓父母安心。但孝順並非只是不辜負父母的期待，讓父母「安心」，而是應該以我為主體行動，讓父母「感嘆」：

沒想到我的孩子竟然可以過這種生活！

想要以「自由的惡人」這種身分生活，「離開父母獨立」不是選擇，而是必須做的事。事實上，從許多知名成功人士的採訪中就可以發現，大多都是年輕時就離開父母獨立。剛開始雖然會感到不安，但一想到「從現在起沒有人會為我打點一切」，就只能背水一戰，只能拚命，那麼成功也會隨之而來。

不想傷害心愛的父母？如果父母聽到孩子的獨立宣言就會崩潰，那麼就算一輩子把孩子抱在懷裡也還是會感到不安。父母有父母的人生，我也有我的人生，就當是暫時集中傷痛，等到將來一併償還。如果對父母感到抱歉，就把那種心情化為動力，盡快取得成功，光榮地回到父母身邊。

　　要想實現這個目標，首先必須做好最低限度的經濟準備。我決定離開父母獨立後，拚命地接家教，確保至少能維持三個月的生活費，也就是包含半地下室套房的租金以及進入公司初期最基本生活開銷。絕對不能軟弱，因為還有很多人的學經歷比我好。確保最低限度的經濟能力，那麼就算父母中斷所有經濟支援，也能維持自己的信念。

　　現在我與父母的關係如何呢？父母對我的看法和以前完全不一樣了。以前三不五時就打電話查勤，隨時傳送充滿擔心和憂慮的訊息，甚至突然來找我的嘮叨父母，現在一點也不干涉我的生活。喜愛打高爾夫球的父親，開著我送的進口車去球場；在新冠疫情爆發前，我招待母親搭乘商務艙去西班牙走朝聖之路一個月。我們的關係比以往任何時候都要好。

　　有人對於用「肅清」這個詞來形容與父母斷絕關係感到不舒服。我不是心理變態，只是想盡可能明確地傳達意思而已。其實我父母在看到我寫的這篇文章後，甚至對我說：「寫得真像你，好好做吧。」

立刻	一週	一個月	**三個月**

　　發出暗示暫別的訊息。明確地說出不要干涉，然後離開家。如果在現實中實行有困難，就要設定適當的期限，三個月是我認為最基本的條件。

　　「三個月內，我將完全離開父母獨立。我的人生由我來負責!」

　　有了時間表，自然就會行動。

實踐筆記

_____

_____

_____

_____

_____

毀了你我的最糟糕的情感

——罪惡感

　　與父母暫時的斷絕，讓我通過第一個分歧點，邁出成為惡人的第一步，接著，把外來的干涉、敵人全部剔除，但是旅程尚未結束，還有內部敵人，就是妨礙成功的「情感」。

　　假如大腦是一間公司，檢視一下，哎呀，果然看到了必須盡快解僱的員工。第一個要解僱的是「罪惡感」。「罪惡感」是深深刻印在腦海中的本能，從小時候就進入大腦，持續發揮影響力。

　　「不可以欺負朋友。」

　　「如果在餐廳裡吵鬧，你就是壞孩子。」

　　「照顧、體諒他人是這世界上最重要的事。」

　　一切就從聽到這些話開始。罪惡感有其存在的意義，有了它讓我們培養出身為人類所應具備的共鳴能力，讓我們感受到情緒和愛，自然而然明白什麼是不能違背社會目光去做的事，但這也是讓你停留在一般平凡人生的最大因素。

　　雖然因人而異，但從大腦結構來看，每個人都或多或少存

在一定程度的罪惡感。在戀愛關係中先提出分手時、向一直信任你的上司遞交辭呈時、在地鐵上看到行動不便的老奶奶卻因為太疲憊而閉眼假寐未讓座時，大多數人都會感到內疚，這是很自然的現象。罪惡感是對他人展現共鳴的最基本的表現，如果常感到內疚，某種程度上甚至會覺得自己真是個溫暖的好人。

現在請你轉換到「惡人」模式。別上罪惡感名牌的職員在公司影響力漸漸過強，開始干涉非自己職務內的事，毫無顧忌地越權。就拿離開父母獨立來說，合理的惡人思維會這樣說：「雖然獨立之後情況可能會很困難，但為了開拓人生，必須斷絕父母的干涉和支持。」這時罪惡感越界插手：「喂！你不知道媽媽會多麼傷心嗎？這幾年來已經讓父母不好過了，現在還要這樣傷害他們嗎？」「說不定不是父母干涉，而是我自己的問題。啊……又打電話來了，不過被嘮叨也是做子女的義務之一啊……」

這樣的你，未來會是什麼樣子？

■ 像「莫比烏斯帶」一樣無限循環，在父母的操縱下生活。
■ 勉強自己迎合父母，無法享受真正的自由，也稱不上盡到為人子女的責任。
■ 永遠過著滿足度 50% 的生活，剩下 50% 無法填滿的渴望逐

漸變成對父母的怨恨，親子關係變得更壞。

■ 總是渴望自由，卻永遠無法獨立。

　　再來看看另一個例子。你是一家公司的代表，今天要解僱一個能力不佳的員工。合理的惡人思考模式會說：「公司的營運不能光靠情感。」但罪惡感又開始越權：「看到他毫不知情地笑著跟你打招呼，你還忍心開除他嗎？他剛進公司時還寫了封感謝信給你，你忘了嗎？」於是你想：「好吧，再觀察一陣子好了。他的人其實還不錯，也許以後會變好吧。」

　　但未來是殘酷的。

■ 解僱他的機會永遠不會再來。

■ 一年過去，投資在那個人身上的成本已超過百萬，而你也對他越來越反感。

■ 之前想鄭重處理解僱事宜的心情消失了，如今可能會不歡而散。

　　罪惡感讓大腦變得極度沒有效率。那麼，該如何解僱這個員工呢？對付罪惡感最強烈的策略就是「邏輯合理化」。在現代社會，「合理化」一詞似乎已成為失敗者和懦夫的專利，但事實上，這是一種非常有效率的思維方式，從心理學角度來看

也是如此。如果沒有最起碼的合理化能力，人類就無法在壓力下生存。處於某種困境時，即使不能百分之百理解或接受，也至少會有一定程度的妥協，否則無法克服問題，最後只能用最壞的方式處理，甚至走向破局。

因此，我們需要具備「合理化也是一種能力、一種成長」的思維。當罪惡感襲來時，不要覺得無能為力，而是要在一定程度上以我為中心進行解釋（也就是合理化），靈活、快速地擺脫問題。由此可知，要解僱罪惡感這名員工的最強大工具就是「合理化」這個概念。

讓我們以惡人的觀點再次分析離開父母獨立的狀況。

■ 罪惡感越權：「喂！你不知道媽媽會多麼傷心嗎？這幾年來已經讓父母不好過了，現在還要這樣傷害他們嗎？」

■ 邏輯合理化的反擊：「即使現在造成傷害，也會在未來予以補償。如果毫無反抗地聽著嘮叨，毫無想法地認錯道歉，那才是不負責任的行為。默默聽訓不反抗就是孝順嗎？孝順應該來自於自我的良好發展。」

接下來是解僱無能員工的狀況。

■ 罪惡感越權：「看到他毫不知情地笑著跟你打招呼，你還忍心開除他嗎？他剛進公司時還寫了封感謝信給你，你忘了嗎？」

↓ ↓ ↓

■ 邏輯合理化的反擊：「那個人的笑容比讓其他員工加班以及帶來的損失還重要嗎？如果不想永遠帶著這個包袱不如趁早解僱他，明確地告訴他理由，讓他重新尋找發展的機會。再觀察個一二年只會浪費彼此時間而已。」

　　應該透過邏輯合理化打破低效率的思考方式。重要的是「邏輯合理化」，而不是「非邏輯合理化」或「非道德合理化」。把自己失敗的理由合理化、把惰性合理化、把抄襲行為合理化，這些都是錯誤。當你具備能夠正確判斷情況的智慧，確實以惡人模式生活時，一旦遇到罪惡感抬頭，就不要猶豫，運用合理化來反擊。

　　看到這裡，相信有智慧的讀者應該不會做出荒唐的行為後，運用合理化解釋，把責任轉嫁給出版社和作者吧。

　　不久前，一個獨資做生意的朋友突然跟我聯繫，想向我借錢。借錢對我來說從來不是問題，但我還是鄭重地拒絕了。朋友難過的樣子刺激我內心引發罪惡感，但很快地，我就啟動邏

輯合理化機制。

邏輯（要記住不是非邏輯、非道德）合理化機制如下。我從頭到尾聽完，發現並不是非常緊迫用錢的狀況，即使我不馬上拿錢出來，他的店也不會倒。朋友認為應該把店大舉改裝並增加裝飾品，但在我看來那不是解方，仔細觀察就會發現，不是裝潢布置不好，而是行銷方面出了問題。看到朋友失望的樣子雖然感到內疚，但最終我還是沒有借他錢。

雖然沒給他魚，但我教了他捕魚的方法。我花了幾個小時把我知道的各種行銷技巧傳給他，也許那不是他想要的，但我至今仍不後悔自己做出的選擇。如果因為罪惡感而借錢給他，那麼朋友可能永遠都不知道自己的事業出了什麼問題，也無法再有進一步的突破發展。若他面臨破產之際來找我，或許我會借錢，但情況似乎沒有那麼嚴重。我按照自己的判斷協助他。

後來朋友怎麼樣了？過了半年多，朋友傳來長長的訊息表達感謝，後來就再也沒有聯繫。但從朋友的企業官網來看，訂單幾乎一直都是滿的。看來不是因為沒借錢而壞了交情，而是因為他的事業發展順利，太忙碌了，所以沒有時間聯繫。

當然，並不是只靠我的行銷建議，朋友本身也發揮能力，盡了最大的努力，所以才會有好的結果。無論如何，我戰勝了罪惡感，做出明智的判斷，因此幫助了朋友，也守護了友情。

正如前面所提到，我在與父母的關係中也與罪惡感發生爭

鬥。每當孝順這個詞嚴重折磨我時，我就搬出我的邏輯合理化：「未來會變得怎樣還不知道，但反正已經受過傷了，就請再忍耐一下，如果成功了，我一定會好好孝順你們。」雖然是惡魔般的想法，但幸好如此，我才能有效地將擁有的時間和能量百分之二百投入，朝向成功的道路前行。

成為更好的人吧，
那樣就會變成更壞的傢伙
——好人情結

　　第二個需要開除的對象是「好人情結」，和罪惡感很類似，準確地說，「好人情結」是「罪惡感」的產物。不能給別人帶來不便的罪惡感繼續發展，就成了應該讓所有人認為我是個好人的想法。

　　這個腦內員工的問題更大，因為它會更堅持不懈，更經常性地消耗你的能量。如果說罪惡感是無法預測突然襲來的情感，那麼「好人情結」就是在即使荒唐也要努力維持良好關係的過程中產生，這又是什麼意思呢？就是「沉沒成本」的謬誤。這是指對自己一直以來投入成本的迷戀，因為無法割捨，結果反而遭受損失。這也會發生在人際關係中。

　　你努力在某人的腦海中留下了很好的形象，可是有一天遇到要批評他或指責他的時候呢？這段期間為了讓他覺得你是好人而投資的能量和已形成「看起來很好」的關係就必須推翻，那麼你的心理負擔就會增加，因為人很難捨棄之前的付出，做出冷靜的判斷，不管是要批評別人或直率地發怒都很困難。

必須打破錯覺。意外的是，好人情結有時會提高你在別人記憶中成為惡人的機率。怎麼說呢？因為你自己大幅提高了他人評價你的道德標準和期待心理。平時講究道德的人設讓周圍的人對你產生高度的道德期待，可能會因為一次「沒有捐贈物資給弱勢」的事實被揭發，就被打上罪人的烙印，受到指責。因為你之前已經將自己崇高的形象牢牢刻在別人的腦海裡。

　　我也經常因為好人情結而受害。和大學同學一起喝酒聚會時，經濟上比較寬裕的我通常都會二話不說地付錢埋單。某次我正在結帳時，其他朋友一一經過我身邊走出店外，卻沒有一個人對我說謝謝。對他們來說，我已經成了那個「人很好的傢伙」，付錢埋單成了理所當然的義務。雖然有一兩個人提議分攤，但我內心已受到衝擊。從那天以後，我就停止無條件埋單的行為，在結帳時保持沉默，最多是當他們說要分攤時再說：「算了，今天這麼開心就由我來付吧。」有時候必須「刻意」當個壞人。（當然在這個小故事中，我並沒有做錯。）

　　再舉一個例子，那是在我成為諮詢師一年後的事，那時的我每天都忙著向人道歉，雖然那些具有攻擊性的客戶應該不到所有客戶的百分之一。他們就算是因為自己沒有遵照建議而使情況惡化，卻還是會回頭怪我：「你為什麼沒有盡到說服的責任？」而我只得低頭道歉：「對不起，是我能力不足。」

　　直到有一天，我再也忍不住了。某個客戶再度不照我提出

的方法做，還批評說：「孫秀賢諮詢得很隨便，一點誠意也沒有。」並要求賠償。我極度憤怒，因為在初次諮詢後我就提出解決方案，結束後還一直掛心，又再找出資料研究，甚至打電話關心對方。嚴格來說，我用了私人的時間提供額外服務，可說是盡力而為了，但他卻認為那些特殊待遇都是理所當然的，所以對我的怨恨勝過感激，這時我才意識到，為了給對方留下好印象而做的行為，反而讓對方不把我放在眼裡。

那是我第一次強烈地下判斷，為了保護自己，必須讓客戶意識到是自己沒有遵照建議，那才是問題所在。我不是要操縱他，就像醫生叮囑病患手術後禁止喝酒、吸菸，但病患照常菸酒不拒，結果健康惡化卻怪醫生醫術不精一樣。唯有讓客戶自己領悟並接受，我才會提出下一個建議方針。

之後客戶果然承認是自己的錯，並寄了封道歉信。這次事件成為一種衝擊療法，客戶完全遵循我後續提出的方案，雖然他與前女友的情況不見好轉，但至少接到前女友兩次以上的主動聯繫，算是成功了一半，客戶後來也很滿意。

最後終止我內心「好人情結」的對應方法是：「我相信了你。」這是什麼意思呢？人之所以想當個好人，是為了得到別人的好感，所以我反過來利用這一點。也就是說，是對方造成我的好人情結，所以用「你背叛了我的好意」來反擊對方。

公司裡有個員工A，我向A展示好意，並主動接近他，

請他喝咖啡，對他頻繁的失誤寬容以待，在他心中我成為「好人」。結果災難開始了。A認為自己無論做什麼都不會受到指責，於是便鬆懈了，在會議上，他不尊重我的權威，直言批評我，對我說話不禮貌，在眾人面前對我也是嬉皮笑臉的態度，讓我覺得很不舒服。

反擊的時候到了。當權威被侵犯時，我在眾人面前依然不動聲色，但在當天會後單獨把他找來，用非常憂鬱、悲傷的表情強烈表達：「A，你真是太過分了。 你應該知道我平常對你多好、多珍惜你，別人就算了，你怎麼可以當著大家的面給我難看？你在我眼裡與其他員工不同，我一直認為你是『好人』，但現在真的對你很失望。」

「好人情結」是相互的，一定有解決的方法。為了看起來像個好人，你越努力人們卻越不尊重你。那麼就反過來，用「我以為你是個好人」反擊，對方會百口莫辯，幾乎有百分之九十以上的機率會向你道歉。情勢逆轉，現在對方成了想要好好表現的人，而你則處在觀察及做決定的位置上。大腦也經過整理而變得井然有序了。

這種行為是卑怯的煤氣燈效應？你說得沒錯，我之後會更詳細介紹。下一章就來討論「逆煤氣燈效應」的技法。

■ 隔絕一切折磨你的東西
—— 煤氣燈效應

　　現在大腦裡留下最棘手、最麻煩的待整理對象。「煤氣燈效應」這個心理學用語很早以前就存在了，但煤氣燈效應非常細微且隱密，很容易讓人在不知不覺的狀況下被影響。到目前為止，我也曾面臨過無數次煤氣燈效應。以下這些話，相信你一定不陌生。

　　「你不是有責任感的人嗎？就算在公司過得再痛苦也不該辭職，那樣是不負責任的行為。」

　　「朋友要講義氣，我們之間這點酒錢還計較什麼？你賺那麼多，就捨不得花在我們身上嗎？」

　　「認識這麼多年，就算你成了代表，會議和行程滿滿，也不該叫我透過祕書跟你約時間！真是太讓我失望了。」

　　煤氣燈效應會敞開雙臂歡迎這些話，然後讓你的心變得混亂，進一步指揮你去迎合對方。煤氣燈效應就像寄生蟲一樣。

　　我曾經也是煤氣燈效應的受害者。還記得前面提過的「惡棍」嗎？他就曾經用食物來折磨我。他故意點了最大尺寸的披

薩，要我把剩下的全都吃完。我說肚子太飽了吃不下，他就會說：「我特地留給你還嫌棄啊？看來你對我一點都不覺得感謝。」用這種方式逼迫我。多虧了他的照顧（？）讓我當時常常嘔吐，還一度成為體重超過一百公斤的大胖子。

反擊的方法就是「逆煤氣燈效應」。煤氣燈效應從一開始成型時就存在邏輯上的漏洞，也就是在特定行為加上個人的主觀感想後，變成像常識一樣跳躍攻擊的過程。看起來很難懂，就用例子說明吧，這些都是我親耳聽過的故事。

■ 「朋友要講義氣，我們之間還計較什麼錢？」（塑造朋友之
　 間不應該聊錢的假常識）
■ 「你賺那麼多，就捨不得花在我們身上嗎？」（表現失望的
　 個人感受，跳躍指責）

我會運用逆煤氣燈效應的方法回應：「真沒想到你會這麼說。就像你說的，朋友之間不顧『義氣』談錢是不對的，那是不是應該公平分攤？過去我不知已經出了多少錢，你怎麼能說這種話？在『我們之間』聽到這種話會開心嗎？」

朋友聽了立刻閉上嘴巴。雖然遺憾和難過的是，我們最終還是難免互相傷害，但至少我沒有再讓對方繼續用煤氣燈效應壓制我，這一點讓我感到很痛快。

如果回到被惡棍折磨的那段時期，我想我會運用逆煤氣燈效應對他說：「代表，您真是太過分了。我吃不了那麼大的披薩，硬吃下去我會嘔吐，還會嚴重頭痛。但為了您我還是笑著吃了，聽到您這麼說實在感到很傷心。」

　　我其實很喜歡吃披薩。當然現實生活中，一個小職員很難用逆煤氣燈效應回應公司代表，在這裡提出只是希望讓正在閱讀這本書的你能熟悉整體概念。

　　回想過去，或許會有「如果當時這麼說就好了！」「有必要那樣做嗎？」這些念頭，其實不需要在意，只要記住煤氣燈效應必須打破，而且是有方法可以打破的就好了。那麼以後當你遇到類似狀況時，就能慢慢培養反擊的能力。就像「煤氣燈效應」一詞廣為人知，「逆煤氣燈效應」也將成為最好的反擊代名詞。

　　在寫這篇文章的今天，正好有位員工對我說：「代表，昨天聚餐時謝謝您的關照！您真是個體貼的人！」我笑著回說：「不要利用煤氣燈效應來恭維我啊！」但還是笑著去星巴克買咖啡請他。（哎呀！說不要受影響卻還是中招了，大家可不要像我一樣啊。）

　　總之我想強調的是，運用逆煤氣燈效應雖然是很辛苦，但你也會得到許多。雖說你可以選擇不要跟那些折磨你的人往

來，但現實生活中還是難免遇到不得不面對的時候，尤其是在同一間公司，更是不可能不碰面。

但只要一次明確且堅決的表達，即使對方內心會受到傷害，但折磨你的行為也同時會停止，今後你也就不必把心力和能量浪費在那些事上。若對方擁有基本社會意識或許還會反省，就算沒有，你也不必再與麻煩的人爭論。不要覺得這個過程很複雜，人本來就或多或少會被別人影響。如果你自己不阻止，那麼別人就會不知不覺地蠶食你。就算再麻煩也要行動，優化你的「惡人腦」。

進入惡人模式，內心時時刻刻要做好向成功衝刺的準備，這不是單純有決心就可以的，因為我們都會在不知不覺中受到外部（他人）和內部（情感）的影響。希望對成功有更強烈的渴望嗎？那是要在內心湧起無盡欲望，同時沒有外部妨礙的情況下才能實現。因此，你必須做的是堅持寫憤怒日記、定期增補欲望、有意識地肅清妨礙你的事物。這並不容易，但請堅持實踐幾個月，妨礙會逐漸消失，隨之而來的，是我的人生完全由自己負責的心靈自由。

現在，你的大腦已經整頓得差不多了，肅清了造成阻礙的內外在敵人，在某種程度上已具備作為「成功的惡人」的思考方式。你的大腦現在處於解決問題的最佳狀態。不僅如此，在

寫憤怒日記的過程中，你也會開始正視過去一直迴避的邪惡情感和內心的真實欲望。

　　或許偶爾腦中又會浮現回到「沒有能力的好人」狀態，讓你情感瞬間動搖，但請不要放棄，人的心中本來就會存在想要回到「最平靜狀態」的慣性。但要記得不斷進行肅清妨礙者的練習，每天堅持寫五行憤怒日記就好，這點非常重要。

　　思想變得自由，已經達到成為充滿魅力的惡人的其中一個條件了。不過如果你的目的是「經濟上的成功」和「社會上的成功」，那麼現在還應該培養能力。哈！陳腔濫調出現了。你心裡或許會這麼想，真的有可能嗎？有具體方法嗎？在回答你的問題之前，請先看看已經取得成功的我的日常吧。說不定你會發現，其實你站在比我更有利的起點上。

■ 你真的比我慘嗎？

　　我的一天從下午二點開始。自我開發書籍的作者睡到這麼晚才起床？這指責沒錯，但我也有委屈。晚起床這一點是事實，但並不代表我比其他人早就寢。我通常在午夜前就會躺在床上，這時精神病的症狀往往開始反覆發作，幾乎成了公式，自我上大學以來沒有一天例外。症狀如下：

■ 腦中會冒出「如果在我睡著時有強盜侵入，把我殺了怎麼辦？」然後起身去確認門窗是否鎖好，一個晚上至少起來四十次。

■ 想著「總有一天我會被趕出公司吧。我能當上代表有百分之八十是靠運氣，一旦大家知道我的實力，一定都會離我而去。」然後又爬起來翻看過去寫的文章，感嘆自己是個多麼微不足道的人，接著瘋狂地修改文章。

■ 回想今天一整天發生的事，卻只想著最後悔和羞愧的事，不停自責自愧。有時還會想到十年前的黑歷史，感覺更痛苦。

一個晚上反覆無數次。

■「一直都睡不著會死吧，我該不會已經罹患重病了？才三十歲，我的人生就要結束了嗎？」像這樣一直幻想著無謂的擔心，一邊用手機搜尋各種疾病的初期症狀。

老實說，以上四種狀況還是我篩選過比較輕微的狀況。總之，我每晚都會那樣在棉被裡和自己對抗，直到上午十一點左右才會真正入睡，頂多睡三個小時我就會醒了。前面提過很多次，我一天要吃十四顆精神疾病相關藥物，其中與睡眠有關的就超過五顆，儘管如此，我還是無法順利入睡，若我向醫師要求增加藥量，醫師會說：「在我的病患中，你已經是吃最多藥的人了，如果再增加藥量，是極度危險的。」所以我一到晚上十一點就開始焦慮，因為又要展開與自己的對抗。我真心想過無數次自殺，但實際上膽小的我根本就沒有勇氣。

再加上我經常丟三落四，藥也常常弄丟，那種情況下我真的完全沒睡，只是閉上眼睛等待時間過去，比任何人都清醒地聽著鬧鐘響起，然後開始地獄般的一天。我甚至無法沖澡。患有嚴重憂鬱症的人應該會有同感，對別人來說很自然的日常生活，對有精神疾病的人來說卻成了不可能的任務。但我還是必須工作，必須度過這一天，所以我一天要喝六大杯咖啡。即便如此，我腦海中的「瘋子」仍不放過我，在工作時也會不斷產

生負面想法，「我的能力很差」、「這麼簡單的文章我卻寫不好」、「總有一天那些要好的同事都會背叛我」、「就算我死了，葬禮結束隔天人們就會像平常一樣過自己的生活，我會被遺忘得一乾二淨」。

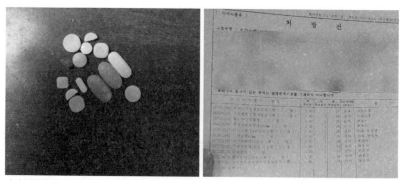

由於不安和隨時發作的憂鬱症，我到現在每天仍需服用十四顆精神科藥物。

也許導致我戀愛失敗的無數原因中，也包括了這些精神疾病。偶爾難得出現奇蹟，有女性主動向我表示好感，我也會第一個想到：「她為什麼要和我說話？」「她是不是要做什麼對我不利的事？」覺得正常女性不可能喜歡我這樣的人，對方肯定有其他目的，最終常是還沒開始就已經結束。總而言之，在人生這一場馬拉松比賽中，別人穿著好鞋箭步如飛，而我卻像腳綁著二十公斤重的沙包，手上還拿著啞鈴跑步一樣。

我一直過著這樣的生活，以前是這樣，以後也會這樣。有

人可能生長環境的條件比我差，但我相信沒有人會比我更容易有負面想法，每天都在反覆煎熬中過日子。現在我想問，你真的比我更慘嗎？至少睡得比我好吧？如果還在遲疑，證明了你對世界沒有憤怒，那麼就從現在開始吧！

　　你比我還慘？恭喜你，這代表你比我擁有更大的憤怒潛力。以憤怒為跳板踏入世界，如果不想自暴自棄過著平凡的人生，方法只有一個，就是戰勝這個給了我像狗一般生活的世界。我的憤怒日記素材每天都很豐富，因為這該死的世界不斷地激怒我。正因如此，我才能把自卑轉化為動力，每天一點一滴地成長。

一天吃 14 顆精神科藥物的無業遊民 在資本社會成為贏家的方法

　　如果決心不要向人生認輸，那就要尋找成功的方法。我的建議很簡單，我相信百分之八十的成功得益於基因內的「天賦」，跟隨天賦選擇適合的領域，然後不斷成長，就會成為生產者，用自己的才能向世界展示。最簡單的方法是觀察家人或周圍的成功人士並模仿他們的模式，或是找尋成功者當中「最偉大的經驗」，然後盡全力去實行。就像我從又愛又恨的父親的「閱讀習慣」中得到啟發，身為他的兒子，我想同樣的方法套用在我身上應該也行得通。

　　「喂，你自稱每小時諮詢費 2 萬元，給這什麼馬虎的建議啊？」你的懷疑很合理，也許你會質疑，第一，我沒有這方面的才能；第二，即使有才能，在這個領域裡也有其他比我更好的專家。

　　一位我很喜歡的 YouTuber 曾表示：「現在這個時代是有史以來最容易賺錢的時代。」雖然有人提出反駁，但我非常同意，並且認為：「任何人都有最拿手的才能，只要集中投資那

項才能就好。」也就是在你擁有的才能中找出最優秀的，選擇並集中。

現在這個資本主義世界變得寬厚許多。假設你有寫作天賦，那就選擇那個領域集中發展。可是聽說競爭者很多？靠寫作好像沒辦法生存？我並不是要你具備角逐諾貝爾文學獎的實力，也不必成為幾十年後仍留在人們記憶裡的大文豪。這個世界經過優化，任何人都可以透過自己賺錢。現在，不必寫下轟動全世界的大作，也能確保一定程度的收入，而且這筆收入的規模不小。

讓我們倒轉到十五年前，擁有寫作天賦並非幸事，因為你要與遍布世界的「大文豪」們展開競爭。求生的路只有一條：「拿著作品去找出版社。」被退件幾次後好不容易提交通過了，還要再花幾年努力寫作才行。只要想想轟動世界的小說《哈利波特》系列，是如何在被眾多出版社拒絕後誕生的過程，應該就可以理解。即使好不容易出版，還要默默祈禱自己的書在書堆之間能得到某人的青睞，被拿起來翻閱，最後拿到櫃檯結帳。

那麼現在又如何呢？作家門檻更低了，在電子書這個新形態書籍的各種交易平臺上，許多業餘作家的稿件正等著被相中。只要寫出紙本書三分之一的分量，就可以被稱為作家出道。也就是說，只要有一部筆電、會打字，隨時隨地都可以

寫作。寫個現在讀者最愛看的網路小說如何？只要在某網路小說平臺簡單註冊，再按照規定的格式寫文章，就直接成為作家了。註冊資本零元。看到這裡，也許你會有第二個疑問。

「電子書是隨隨便便就能出的嗎？寫網路小說很簡單嗎？而且那個領域已經趨於飽和，許多作家挑戰都嘗到被淘汰的苦果。現在才要投入已經太晚了。」但我認為正因如此，成功的機率才更高。原因就在於市場上那樣想的膽小鬼占大多數。簡單來說，就是存在許多「虛數」，那些人不敢在新世界裡挑戰爭取機會，什麼也沒做就只會嚷嚷著「不行，做不到！」而心生畏懼。

競爭依然存在，這是不能否認的，但是現在不再只是以第一名為目標，只要能進入前一百名就能賺取不錯的收入。很多人的目標是「每月賺 25 萬」，但實際上可能沒有想像中那麼難達成。患有精神疾病的我都做到了，你不可能做不到。

我很不喜歡聽到一句話：「不如我也去當 YouTuber 好了？」那就去做吧！光是說這些話的時間，你就可以把手機裡的影片上傳到 YouTube 了。但是我相信就算我這麼說，你還是連試都不會試，又何來成功呢？以下簡單說明陷入完美主義陷阱的人是如何踏上失敗之路。

① 偶爾看到有人成為 YouTuber 賺了大錢的新聞而燃起希望，

便「在 YouTube」搜尋使用方法、上傳影片的方法，大致了解概念。

② 接著「完美主義的詛咒」啟動，腦中浮現「現在準備還不足夠，再考慮一下吧」的想法，遲遲不上傳影片。

③ 然後被「好不容易上傳了影片，卻沒人看該怎麼辦」的無謂擔心介入，進一步合理化自己的不行動。

④ 開始尋找比較對象，卻偏偏找到一個擁有百萬訂閱者的頻道主。他的影片內容豐富，剪輯專業，讓人看了很有感覺。有些頻道甚至還有專業製作團隊，頓時覺得自己完全不能跟他們相比。

⑤ 開始收集助長自我懷疑判斷的負面資訊，「YouTuber 沒那麼好賺」、「揭發影片製作的現實」，看完那些影片後心裡鬆了一口氣，轉變成「還好我沒真的行動」的自我安慰，還有「看來當 YouTuber 根本也沒好到哪裡去」的酸葡萄心理。

在 YouTube 掀起熱潮的二○二一年，曾想過「我也去當 YouTuber 好了」的許多人，在經歷以上的過程後，都沒能開始就消失了。我確信他們當中實際上傳過影片的應該不到千分之一吧。

因此，我們必須逆向思考。在過去八年中，我在數千名前來諮詢的人當中，經常聽到有人說想挑戰當 YouTuber 或以此為

副業，聽得我耳朵都長繭了，但他們沒有一個人付諸行動。這競爭很激烈嗎？

實際上，我的 YouTube 頻道擁有五萬名左右訂閱者。如何？比起成為百萬訂閱的 YouTuber 頻道來說，門檻是不是容易多了？但若你知道透過 YouTube 頻道，幫助我的企業增加多少盈收，我每月的收入又增加了多少，想必會感到頭暈目眩，大概是你所估計金額的三到四倍。

當然，我並不是說不需要努力就能成功。而是與過去相比，一般素人也能成功的機率大幅提高是不爭的事實，正如前面所說，現在社會已經「優化」了。

假設有個學生數學考試不及格，那麼讓他聽首爾大學畢業的數學博士講課，成績會突飛猛進嗎？不會，就像聽外星人說話一樣，無法理解，只是浪費時間。但如果目標從五十九分進步到七十分，應該比較容易達成。不及格的學生不可能一天之內就能考一百分，但提升一定程度的實力並非遙不可及。

不管是寫作還是當 YouTuber，你只有七十分的實力，所以不敢嘗試嗎？只要你具有一定程度的能力，在這個市場上必然會有相應的需求。因為即使是這個領域的新手，也總是會有實力比你更弱的人。通向你的管道已經形成，現在不必像過去一樣發傳單宣傳，名為「演算法」的魔法師會主動把你推薦給有相應需要的人，這就是世界優化的結果。在你眼中，或許認為

某些頻道主或部落客只是分享「一般日常資訊」，這種想法應該改觀，不該批評他們內容空乏，事實上，他們在自己所能負擔的需求層中，已占有一席之地。

百年前，想成為成功的生產者必須擁有工廠，但現在只要有筆電。不，其實只要有一支智慧型手機就可以了。我身為惡人對這世界感到憤怒，但同時也承認「充滿機會的世界」已經開啟。如果還是不太理解，可以閱讀《真確》這本書，你就會明白，這個世界與我們所擔心的不同，正朝向更積極的方向改善。

因此你必須建立以下三個原則：

第一，必須意識到，這世上在嘗試之前就放棄的「膽怯的好人」占多數。

第二，世界的結構已經變得極度追求效率，不需成為第一、頂尖，也一樣能賺到錢。

第三，別再把那些超人當作比較的對象，務實一點，這樣才能遠離挫折。

■ 99%活在失敗領域的人

　　大約三年前，一名男性找我諮詢。他畢業於韓國最好的大學，隨即進入同校的研究所。生長於富裕家庭，從小衣食無缺，不僅如此，還長得一表人才，可說是來找我諮詢的人當中長相最俊俏的人，完全就是人生勝利組。但他卻認為自己是世界上最不幸的人。

　　一年三百六十五天都覺得自己很失敗。他專攻物理學，與其他學科相比，要在物理學領域取得成功的管道很有限，必須在研究上有顯著成果、發表論文，成為學者或教授。在物理學界存在著無數超級聰明的人，就算以天才之姿入學，也可能在一年內就成為「毫無進步」的失敗者，也就是說，在這個領域裡百分之九十九的人必然會嘗到失敗的滋味。知道《阿瑪迪斯》這部電影嗎？主角薩列里身為作曲家雖具備了卓越的能力，但是遇到天才作曲家莫扎特根本望塵莫及，因此大受挫折。社會上也存在著像那樣無法超越的境界，比起創意想法，對特定能力的熟練度決定了絕對的排名，那排名就像不易被推

倒的混凝土一樣。

然而我告訴他，現在機會的世界已經開啟，即使無法在那狹隘的領域成為第一名，但只要比別人稍微出色一點，就能充分取得經濟上的成功。但可惜的是，他已經無法輕易擺脫多年來一直困擾他的自卑感。

我不會在這裡提及特定人士，但可以介紹一些實際的例子，基於隱私會稍做改編。現在就來看看這些值得尊敬的挑戰案例吧！

音樂 YouTuber A

他的實力並未達到以職業歌手出道的程度。如果在過去，在甄選會中一定會被淘汰，一輩子都要擔心生計問題。但是現在他把自己翻唱歌曲的影片上傳到 YouTube 頻道，漸漸有了自己的粉絲。透過持續不斷上傳影片，最後擁有數十萬訂閱者，享受毫無後顧之憂的經濟餘裕。

作家 B

文筆實力不錯，但也不是具有非凡能力的人，作品內容平平，屢次嘗到失敗的滋味，頻頻受挫。然而他偶然洞察到做什麼都能賺錢的「新世界趨勢」，於是決定以自己的「失敗論」為內容，撰寫並出版成冊。這個世界比過去更大方地對各式各

樣的故事敞開心扉，他的「失敗論」引起關注，最終成了暢銷書作家。

上班族 C

　　每個月有固定收入讓他感到滿足，但他渴望更多的經濟自由，因此建立了自己的部落格。對電器產品很感興趣的他，即使沒有業配，也很中肯地寫下各種電器產品的評論。幾個月過去，他的部落格的影響力逐漸擴大，現在各大企業都會主動找他合作，讓他利用廣告賺了不少錢。

嚴重精神病患 D

　　幾乎每天都有想自殺的念頭，只能咬緊牙關過日子。他將資本主義社會生存的祕訣集結成冊出版，那些以為不會有人感興趣的故事，成為現在你手中拿的這本《憤怒日記》。前面幾位都是值得尊敬的人，不過在此對 D「是否值得尊敬」這個問題暫且保留。

　　看了以上的事例，或許有人會說：「還是有人過得很辛苦最後也沒成功啊，這個作者只會提一些不切實際的成功案例。」如果你也這樣想，那麼你仍是個內心軟弱的人。

　　我重複過很多次，我不相信那些聲稱不努力就能成功的

人，但我也不會說什麼一定百分之百會成功的空話，我想表達的是，如果你擁有「就算會失敗也要挑戰」的惡人魄力，那麼取得成功的方法會比過去更多，成功的機率也會提高。

因此，即使你的才能不是頂尖，無法站上舞臺，你也不要輕易放棄，無所作為。仍要不時澆水、曬太陽。就算無法一夜致富，但至少可以主動出擊取得結果，得到價值連城的寶貴經驗。那些小小的成果會影響你，將你帶往更大的成功。

惡人的武器

給想獨自活在這世界的你

在進入軍火庫之前

現在你有很多武器，得到了雖然有副作用，但可以補充欲望的憤怒日記，肅清了所有妨礙你快速成長的非必要情感，並清除外界的敵人，同時也了解即使你的才能不是「世界級」，也不會造成任何問題。

與過去相比，世界正在朝向更容易取得成功的方向優化，多虧了那些未嘗試先放棄的人們，讓競爭變得更容易，無論什麼都可以充分挑戰的世界已經到來。只要你有這樣的心理認知，就表示你在一定程度上已達到成為有魅力的惡人的條件。恭喜。

「既是精神病患也是諮商師的作家，託你的福，我現在有了勇氣。為了向所有無視我的人證明，從現在起我要閉門修煉了。謝謝！」如果你這樣想，然後在這裡把書闔上，那麼很抱

歉，你的人生絲毫不會有任何改變。

看到這裡，你是否對我仍抱持著懷疑：「不管經營 YouTube 或部落格，成功機率都比過去提高了很多沒錯。但是，你到底擁有什麼能力，可以取得現在的成功？」

現在我要介紹一個惡人的重要概念，就是要有「支配力」，你不僅不應受到他人影響，更要讓他人受你影響。如果你只當個孤獨的惡人，沒有任何人追隨，那麼只會看起來像個自我意識過剩的被害妄想症患者。

患有精神病的我之所以能有今天的成果，是因為無論如何，都有相信我並願意追隨我的人存在。如果只是充滿自信、霸氣滿滿，但經營的 YouTube 頻道沒有人追蹤，那麼在社會上只會被視為失敗者。不管用什麼方式，惡人都要能影響他人，不僅在實際生活中，網路世界也一樣。

為了獲得「支配力」，惡人必須掌握以下幾個特質。

① Meta Speaking（請參閱第三章）

② 流暢的寫作力（請參閱第四章）

③ 社交智商（請參閱第五章）

這些名詞或許看起來陌生，但沒有必要害怕，我們可以解釋為：對他人發揮直接影響力的口語能力（Meta Speaking）、

能夠獲得廣泛認同的寫作能力（流暢的寫作力），以及能同理他人，具有溝通優勢的能力（社交智商）。

這三種能力不論在什麼領域，都可以很容易與其他能力「組合」。舉例來說，可以這樣組合：

■ 經營 YouTube 頻道＝「吸引關注的氣質」＋「Meta Speaking」
■ 經營部落格＝「屬於自己的經驗」＋「流暢的寫作力」
■ 職場晉升＝「平均程度以上的工作能力與專業」＋「社交智商」

而且，這三種能力都只要具備最基本的程度就可以了，並非像前面提到的那位「物理學人生勝利組」先生一樣，在一個由天才支配的領域裡必須成為頂尖才能出頭。很多人認為說話、寫作、社會性這三種能力是與生俱來的，但我認為正好相反。

大學時期的我，別說支配力了，就連人際關係都岌岌可危。我既不是能言善道者，也寫不出引人入勝的文章。更因為社交能力薄弱，經常被前輩挑剔訓斥，一天到晚都在想要怎樣才能讓人們喜歡我。某次準備和朋友聚會前，我還特地在便利貼預先寫下想說的話。結果在聚會中，我為了說出那些「腳本」裡的話，成了一個完全狀況外的人，看著朋友聽完我說的

話都露出荒唐的表情，在心裡留下了創傷。

　　曾經那樣的我，現在卻是每小時收費超過 2 萬元的諮商師。可以整整一小時不停地說話、說服他人、提出解決方案。我寫的文章可以對數千人產生影響力，引領一群信任我、追隨我的人發展事業。我可以，你也能做到。「不可能，我的個性很內向。」收回這種懦弱的藉口吧！再怎麼說，你都比我這個患有精神疾病的人更有優勢。

　　構建了惡人的強大影響力後，接下來就是要在廣闊的大地上建起巨大的建築物。我認為惡人的生活就是建造一座高大宏偉的大廈。

　　首先透過「Meta Speaking」、「流暢的寫作力」、「社交智商」確保廣闊的社會關係網，這就是奠定大廈的地基。然後再透過支配時間的「壓倒性生產率」和將人生效率極大化的「頂樓視野」，正式建立屬於自己的大廈。

　　④ 壓倒性的生產率（請參閱第六章）

　　⑤ 頂樓視野（請參閱第七章）

　　如果說前三種是形成和擴張屬於自己領域的技術，那麼後二種就是提高無法取代的實力。接下來就先從確保影響力的前三種技術說起吧！

如果要選擇，
就刻意站在不利的一方

惡人的武器① Meta speaking

每小時諮詢費 2 萬元的惡人之言

　　俗話說：「能言善道的演說家絕不會餓死。」我百分之百同意。歷史上最惡劣的獨裁者希特勒是不可能被遺忘的垃圾，我對他自殺一事不以為然，我認為他應該遭到槍決。不過人們似乎漸漸忘了，他一開始的支持率雖然只有百分之一，但憑藉著出色的演講能力，吸引越來越多偏激的「追隨者」＊，透過所謂「民主投票制度」當選成為領導者。

　　我並不是要肯定某些公司領導者把空虛的事業，用花言巧語包裝得光鮮亮麗以欺騙人們，但我們可以從中擇取值得學習的地方。

　　我靠著口語能力度過了許多難關。身為一個沒有學經歷，而且患有精神疾病的人，我在應徵面試時，就是用說話將我的弱點逆轉為優勢。而八年間讓我得以謀生的諮詢業務所必備的

＊指在「惡人」的世界裡，對惡人的成功具有關鍵性幫助的同儕。後
　面將會詳細討論。

能力也是說話。剛開始我要寫電子書時，公司內有人反對說很難成功，但我努力說服他們，順利出版電子書，並證明結果是成功的。

在這些如奇蹟般的事例背後，都有屬於我個人的說話技巧。Meta speaking 聽起來好像很了不起，但簡單來說，就跟韓國現代文學中的「全知作家觀點」類似。正如小說作家對登場人物的心理瞭如指掌，Meta speaking 也意味著完全掌握對方心理的說話能力。Meta speaking 的核心是揣度「傾聽者的心理狀態」，看起來不難，但老實說，八年間我見過數千人，但幾乎沒有見過能自由運用這個簡單原理的人。

世界上幾乎所有的概念都存在著「對立」，有左派就有右派，如果你贊成什麼，那一定也有人反對。而評價口語能力最好的基準，就在於是否能夠說服與你「對立」的人。在本章中，我要向大家證明我可以說服那些完全與我對立的人。雖然不容易，但希望各位不要忘記這個概念，因為這就是我每小時收取 2 萬元高額諮詢費的祕訣。

我有一個鐵律，就是親身體驗後取得的成果才會推薦給別人。以下要介紹的內容，都是我自己經歷過並作為公司教育訓練素材中最有效的方法。

下定決心，站在少數派

　　決心以惡人的身分邁出第一步後，我加入了某個討論社團。當時並不是因為覺得惡人應該培養什麼能力而加入，只是感覺無論如何應該都會對未來有點幫助吧。老實說，這麼想的我真的很幸運。

　　討論社團有幾個好處，首先，一旦加入，不管你願不願意，都要承受無數人的目光，在眾人面前表達自己的想法。我們每週至少聚會一次，聚會時等於半強迫訓練自己的邏輯運用表達能力。我一向很討厭輸的感覺，所以參與討論活動時總是很拚命，壓力也很大，但我始終沒有放棄。如果因為害怕與陌生人討論，只願與自己熟悉的朋友組織讀書會，那麼要不了多久一定會找各種藉口終止。因此雖然有壓力，另一方面反而讓我更努力積極思考，也因為這種強制性，我才能比別人進步得更快。

　　但過了兩個月，感覺討論會漸漸沒意思了。不是因為我實力有多好，而是意識到不管什麼主題，大眾的立場都是已經決

定好的。例如對於「是否應該公開重大犯罪者的身分」這個議題，可能有百分之九十以上的人會贊成公開身分，十個人當中有九個人贊成！這已經不叫討論，只是交換意見而已。這樣下去討論再多也沒有意義，於是我改變戰略。

不論什麼主題，我都無條件選擇少數派。並非同意少數的意見，是否同意也不是最重要的。我只是堅信，唯有站在相對難以運用邏輯的「灰姑娘效應」上進行討論，才能提高實力。如果站在多數同意的一方，只能提出任何人都想得到的看法，輕鬆進行討論，大腦就不可能受到刺激。但若陷入困境，不斷受到質疑，就會驅使自己必須表達有利的見解以對抗多數意見，大腦會瘋狂運轉，在這過程中，邏輯和口語能力也會增強。以下是曾經討論過的主題。

如果你是蝙蝠俠，城市被小丑占領，他出了個難題。有兩艘船，一艘上面載了一百名原本被關在監獄的罪犯，另一艘載了一百名高譚市的普通市民。兩艘船上都有炸藥，在規定時間內必須按鈕炸毀其中一艘，否則兩艘船都會爆炸。你會如何選擇？

二十名會員有十九名選擇「炸毀罪犯的船」，只有我持相反意見，更準確地說，我選擇了「不按任何按鈕，二百人全部

犧牲」。當然，我並非支持罪犯，也不認為犯罪與否和人的生命價值可以相權衡。我只是想把自己投入難以承受的劣勢中，讓大腦神經緊繃、努力運轉。

十九個人的選擇合乎常理，有人說：「這種問題還需要討論嗎？」但我仍不顧一切表達屬於自己的觀點。

「過去四十年，高譚市被評為『地球上最凶惡的城市』，外界的人都認為高譚市就是個萬惡之都，高譚市民都是不遵守倫理道德的人。在這種情況下，如果炸了罪犯坐的船，外人對高譚市的惡評肯定會更劇烈，認為那一百名普通市民為了自己能活命，而按下按鈕炸死已在服刑，為自己的罪行付出代價的罪犯，那麼高譚市民就會被打上無血無淚的烙印。

但若是不按任何按鈕，讓市民與罪犯同歸於盡，我認為至少可以擺脫外界對高譚市的惡評，覺得高譚市民不忍炸死罪犯，是因為他們仍保有最基本的『人性』。

當然，生命是寶貴的。我同意普通市民的人權比凶惡的罪犯更重要。但是若市民和罪犯沒有互相殘殺，而是寧願犧牲自己共同對抗小丑的威脅，這絕對比救了一百名市民卻犧牲另一百人更崇高。因此，我會選擇不按任何按鈕。」

我知道我的主張聽起來很瘋狂，那天我也的確受到激烈的批評責罵，但這就是「創意性」。把大腦置於極度不利的狀況，讓大腦摒除隨時都能想到的常識性想法。要在不利的環境

下找到解決方案，就必須發揮強烈的注意力和集中力，在這樣反覆「翻土」的過程中，口說的實力便會加速成長。這與得到多少人的認同和掌聲毫無關係，脫離多數站在少數，找到只屬於自己的邏輯這一點很重要。總是提出一般人都會提出的意見，表達內容沒有新意的人，與一個必須專注反擊別人的批評，在緊張壓力下必須清楚表達自己意見的人，兩者的口才當然會有很大的差異。

每次去討論社團聚會，我都會觀察別人如何選擇，然後站在少數的一方。在這樣的過程中，我研究出在任何不利狀況下都能反駁、推翻對方主張，只屬於我自己的話術，反覆利用「灰姑娘效應」來練習。我以這個階段的經歷為基礎，寫了《逆煤氣燈效應世界的邀請》電子書。雖然如此，老實說我認為在培養口語能力方面，經驗比書本更重要。

當著眾人的面說話會讓你感到壓力嗎？不敢提出自己的意見，只能看別人臉色說話嗎？要改變的方法只有一個，就是把自己逼入必須說話的困境。甘受批評，不怕出醜，勇於表達，不斷練習，從一次次經驗中體會出屬於自己的方法。這是培養出自信提出主張，不畏懼與任何人爭論的能力的最快方法。

站在少數派表達主張有一個很大的附加價值，就是會開始出現追隨者，形成前面提到很重要的「支配力」。從那時候起，人們開始逐漸專注地聽我說話。人類其實都有支持少數的

心理，剛開始對不同的想法或許反感，但是長久下來就會產生「這個人很特別」的印象。以我的經驗，若反覆進行二到三個月，就會出現所謂的「灰姑娘追隨者」。

「灰姑娘效應」的策略持續幾年之後，擁有被大學退學和罹患精神疾病等弱點的我再也不會恐懼了。後來與「蝙蝠」初次見面時，我一點也不緊張。

與其到哪都過著沒有存在感的平凡人生，不如作個即使被不認識的人罵，也至少擁有一個「瘋狂故事」的惡人如何？我就是以這樣的心態說服了蝙蝠，順利通過面試合格。

立刻	一週	一個月	三個月

不管是什麼類型,都要進入可以進行「討論」的團體。可以在網路上尋找,電影評論也好,讀書討論也好,什麼都行。口才不是自己一個人對著鏡子練習就會進步的,必須進入社會關係中,接受他人的反饋,才會成長。如果只看鏡子,絕對無法知道我的話會對他人產生什麼樣的影響。

想實施「灰姑娘效應」策略,需要注意幾點。「灰姑娘效應」雖會給人留下深刻的印象,但同時也很容易引起「這個人的主張與社會價值不同」的誤會。因此,在大家一起討論時我會強烈提出主張,但私下與成員單獨相處時,會笑著說:「我知道我的邏輯存在盲點,但為了在討論時能激發出更多火花,才會經常提出挑戰性的主張。」應該定期告訴大家這個情況。只有這樣,人們才不會忘記你是大膽描繪鴻圖、願意不設限討論,無畏戰場的人。毫無疑問,這些細節都會讓追隨者對你更加狂熱。

實踐筆記

■ 我在人前不會發抖的原因

　　隨著人生圖表中的曲線上升，比起「一對一」的對話，「一對多」對話的機會更頻繁，也就是有了聽眾，有機會在公司對職員或讀者進行演講，難免感受到壓力。如果追隨者增加，你也會面臨這樣的時刻，在這種狀況下說話的能力與一對一時是完全不同的。

　　曾有一位很有名的喜劇演員來找我諮詢，和他逐漸熟悉後，開始有了私下見面的機會。與表演脫口秀時不同，私底下的他非常安靜細膩。在媒體上看起來常常像是即興表演，但實際上他都已經在內心仔細規畫過，才能靈敏應對現場反應。我想他應該也不是一開始就能在人群前隨意表演自如的人吧，這無關天生的性格，而是透過無數的經驗，體會在「聽眾」面前應該如何行動，才能培養出只屬於自己的說話能力，因此得到人們的掌聲和喜愛。

　　要與大家對話之所以困難，是因為參與對話的人數越多，集中注意力就越弱。在面對數十人的補習班教室裡，與一對一

家教的集中力當然不同，這種時候我會運用「槓桿理論」，聽眾越多就越有效。在許多人面前講話時，我們常認為自己成為被評價的對象，而槓桿理論是推翻這種框架，「評價由我，話給聽眾說。」這是什麼意思呢？

如果用力踩住槓桿的一端，另一端就會彈起。槓桿理論就是讓聽眾在聽到你的發言後「砰！」一聲彈起的方法。這是二〇一六年，在某個小有名氣的讀書聚會上發生的插曲。讀書會由十多個人組成，一起閱讀某一本書再進行討論，但問題是當大家讀完同一本書後，實際上可以分享的內容有限，討論的主題大部分都是「已知的內容」，所以很容易在別人發言時分心。

回憶一下學生時代，面對上課心不在焉的同學，老師常會突然問：「今天幾號？十七號。好，那這題就由十七號來回答吧。」同學們就會有種瞬間進入「超緊張狀態」的感覺，這種達到集中注意效果的技術稱為「指名提問」。

回到讀書會，輪到我發表了，我冷不防地拋出問題：「這本書介紹銷售人員如何推銷加溼器的方法，大家應該都讀過了。如果現在要把手機賣給顧客，你會怎麼做？」用力地踩了一下槓桿。

人們彈了起來，瞬間氛圍發生了變化。原本是我發言，聽

眾們評價，但因為一個問題突然讓角色發生變化。遲遲沒有人回答，於是我指定其中一個人：「我想聽聽○○的想法。」被點名的人雖然有點慌張，但短暫地調整後，開始侃侃而談自己的想法。聽完他的回答，我也分享我的意見。

後來，我發現大家對我發言時的集中力大幅提高。他們會因為隨時可能被指名的「不確定性」而緊張，因此必須集中聽我的每一句話。我繼續發言，中間不時穿插一些問題，讓聽眾們維持注意力。

要時時記得，除了粉絲見面會，一般聽眾的「動機」通常不明確。在你發言時玩手機的人、明目張膽打瞌睡的人、眼睛看著你心裡卻在想其他事情的人……實際上他們並沒有強烈的動機集中於你的發言。更殘酷的是，大多數聽眾可能對你說的話不感興趣。這種時候就拋出問題吧，讓大家集中精神聽你發言，反過來成為評價者。在多數人面前說話時也要成為主導者。

現在不管面對多少人講話，我都不太會緊張，因為「討厭我的人怎樣都會討厭我，喜歡我的人就是會喜歡我」，這樣的想法讓我的心很安定。如果你也以這種心態說話，我相信人們也會專注傾聽。

■ 實踐 ■

立刻	一週	一個月	三個月

明天要在公司職員面前發表重要的簡報或有重要的會議？下面介紹兩種可以立即使用的小訣竅。

① **十秒規則**：在正式發言時先停頓十秒再說話，這十秒的時間直視聽眾。沉默會使很多人驚慌失措，而那股慌張的感覺會讓他們自然而然將注意力集中在你身上。

② **視線分散**：開始說話之後要適當分散視線，不要把焦點停留在同一個人身上，因為如果那個人個性木訥，露出漠不關心的表情，你會很容易被影響而動搖。

實踐筆記

必勝的兩種説話術

在經營的過程中，會遇到必須批評某人或與他人爭論的時候。雖然像戶外服裝品牌巴塔哥尼亞（Patagonia）這樣重視社會責任的企業不斷增加，重視環保及少數價值的氛圍逐漸擴散，但在資本主義市場仍持續著激烈的銷售競爭。這種競爭和爭論是企業的本能，也是人類的本能。特別是如果選擇成為惡人，就要做好準備面對數不清的爭鬥。

不僅僅是事業，在生活中難免也會有與人爭論的時候，可能與同事合不來，可能聽到上司指責而心有不服時，或是極力想貫徹主張時，這都是很自然的事，所以不需要畏懼。但切記不要針對對方攻擊，自尊受挫的對方會對你懷恨在心。這時應該用「間接批評」，我稱之為「借他人之口進行的批評」。

比如你的判斷能力比上司更強，但因為職階的差距，一直維持適當的距離，工作時都要顧慮上司的臉色，但某天你們兩人的主張出現對立，上司想要採用攻擊性策略，給競爭企業留下負評（事實上這是非常不好的策略）。你反對這種作法，但

如果直接提出反對意見，很有可能從此被打入冷宮。這時你可以這樣說。

「我相信這方法很有效果，不過我比您有更多時間在現場接觸顧客，有件事必須向您報告，其實很多顧客最近對我們公司與其他公司在服務方面比較的貼文有點反感。我想在這種情況下，如果對競爭對手進行負評攻擊的事被揭露的話，那些已經感到『不舒服的人』可能會對我們公司更反感。我也贊同您的想法，但我覺得應該先解決這個問題。」

與其直接說「我反對」，不如借第三者的反對來達到目的。這個方法有三種效果。

第一，可以減少對方對你的反感。除非你處於「最佳位置」，否則絕對不能比對方耀眼。有時必須隱藏刀鋒的光芒。第二，如果對方無視風險，一意孤行，那麼無論結果成功或失敗，基本上你都是安全的。如果成功，可以說「果然我和您的想法很契合」；若失敗了，就說「這是個好想法，但還是有人會覺得不舒服」就可以了。也就是說，無論結果如何你都不會吃虧。第三，這樣的你會給人一種做事嚴謹的印象，因為你確實試圖阻止過。

有時候需要堅決反對，但若是對方的社會地位比我高，除非有百分之百的勝算或有備用的 B 計畫才能與他正面對決。所以還是用間接批評來對應，無論成功或失敗，類似經驗不斷累

積，久而久之對方會在心理上慢慢依賴你的意見，最後成為你的「追隨者」。當然，對方會以為是你在跟隨他。

希望各位讀者記住，惡人不是不顧後果、無視位階秩序，只憑一股魄力就豁出去。而是會澈底盤算，製造「讓自己不吃虧」的方法。惡人不害怕樹敵，但也沒有必要非把大家都變成敵人。

但即便如此，還是有真正起衝突的時候，例如非得向對方傳達我的意思，或是指責對方錯誤的時候。在公開場合開口是很困難的，但還是不能退縮，一旦心想「下次再說吧」的那一刻，就是步入失敗。

「說話」這件事我已經練習了十年。上大學後，因為當選為系學會副會長，常半被迫在許多人面前發言。後來擔任諮商師，這八年來與無數尋求我幫助的諮詢者對談。

我必須滿足那些一小時支付兩萬元諮詢費的顧客，常常一個諮詢結束，另一個緊接著開始，也就是說，我得在有限的時間內讓對方滿意。

因為必須在短時間內最有效地表達主張，不管我願不願意，都已經成了專家。特別是在諮詢時，經常遇到比起專家更相信自己的人，總是固執己見，也因此帶給我訓練。在諮詢的一個小時內，諮商師說的話比顧客少是不行的，因為在有限時

間內必須樹立諮商師的權威，如果一直讓顧客說個不停，那麼諮詢就無法順利進行。

　　這種時候最有效的方法就是「取一個讓人討厭的名字」，通常稱作「烙印」。具體說明如下。

　　把對方的行為刻意賦予負面意象。

　　可能很難懂，以下舉幾個簡單的例子：

「因為愛對方所以很執著。」

　　　　↓↓↓

　　這就是「自私的愛」。

「我只是為了表達我的真心，所以在他家門口守候。」

　　　　↓↓↓

　　這種行為叫「跟蹤狂」。

「你怎麼會說他沒那麼愛我？聽起來讓人不開心，說點我想聽的話。」

　　　　↓↓↓

　　只會說你想聽的諮詢叫做「詐騙」。

「我沒有抄襲，只是參考別人的想法而已。」

　　　　↓↓↓

　　那種人通常會成為「站在法庭上的人」。

像這樣打上烙印，那麼對方每次主張自己的意見時，就會聯想到是在做「社會上無法容忍的負面行為」。例如像「只許州官放火，不許百姓點燈」這種話，只要聽過一遍，就算想努力忘也忘不了。

不過希望讀者不要誤會，或許你會懷疑，但我非常重視來尋求諮詢的人們。諮詢時我會深深投入，即使諮詢後過了幾年又寫信來的客戶，我也會盡心盡力回覆。儘管如此，我還是執意用這種一針見血的方法，是為了迅速讓對方理解自己的問題所在，然後才能進入解決階段。要想在一個小時內完成「分析→提問→提出方針→解決問題→戀愛哲學」等所有內容，就必須進行最有效的說明，因此我才自行開發出這樣的策略。

你認為這是一種過於攻擊性的方法嗎？惡人就必須給人一種活躍的感覺。而且這還有意外的好處，越是能巧妙運用一針見血的方式打上烙印，追隨者就越是快速增加。人們腦子裡雖然不喜歡打擊自己的人，但內心卻又會被這種領袖風範吸引。與其說得平淡無奇讓人聽過就忘，不如一針見血就算對方被刺了也會記得！

如何在北極賣冷氣？

　　我做了八年的心理諮詢，這個領域絕對不容小覷，特別是戀愛諮詢更是不容易，幾乎百分之九十以上的客戶都有自己一套堅定的戀愛哲學。假設我建議為了與對方復合，應該發送強力內容的訊息，客戶會堅持「愛是真心相待，絕不能傷害對方」的哲學，拒絕我的建議。不管我提出什麼，永遠都是跟我走平行線，換句話說，就像在北極賣冷氣一樣幾乎沒有進展。

　　要打破這樣的困境就要用「意識說話法」，其實在 Meta speaking 這個部分，只要會這個技巧就可以了，因為這是在現實生活中最能活用的方法。別忘了，為了行使「最大的支配力」，應該努力培養說話技能，為此你必須說服未來會遇到的許多「對立軍」。

　　「意識說話法」是什麼呢？就是在說話時不停拋出訊息給對方：「我早已知道你聽到我說的話會有什麼感覺。」這句話或許不容易理解，但其實我在前面的篇章已經多次使用「意識說話法」了，剛剛就是。

「這句話或許不容易理解。」

如果我隨便帶過，然後進入下一個章節，那麼你可能會直接把書闔上。但是我先傳達「我意識到有人恐怕無法理解意思」這個訊息，讓你覺得「作者知道讀者的想法，那麼接下來會進一步說明吧」，就會再繼續看下去。「意識說話法」的核心是讓對方感覺自己被理解。

這個方法的活用度很高。在與某著名法律事務所的律師諮詢時，我直覺到他也在運用這個方法，他常說：「諮商師可能會有相反的看法……」「如果我這樣問，你可能會覺得我很傻……」阻止我的反駁。他來找我諮詢過很多次，我們彼此已經很熟悉了，所以我都會開玩笑地反問：「你問這什麼笨問題啊。」這個方法在某些專業領域中，是具有高級社交智商的人非常熟練的說話技巧。

那位堅信「愛是真心相待」的客戶來找我，我判斷他在關係中低態放得很低，期待給對方好感，卻因此失去主導權。在正式開始諮詢前，我對他說：

「今天的諮詢你或許會覺得有點不舒服。」

「啊……怎麼說？」他問道。

「因為你的分析和我的判斷不同。現在你是不是認為自己

沒有對對方更好，所以才分手的呢？」

「是的，沒錯。對方是個很好的人，是我不夠好。」

「你很自責，這我充分理解。但是你或許很難相信，我的看法完全相反，我認為並非是你不夠好，而是從一開始你就把自己放在比較低的位階，看起來很好擺布的樣子，所以才變成現在這種狀況。」

在以上的對話中，我使用了三次「意識說話法」。

① 今天的諮詢你或許會覺得有點不舒服。

② 你是不是認為自己沒有對對方更好，所以才分手的呢？

③ 你或許很難相信……

「意識說話法」的核心，就是要給對方「啊，這個人能理解我的心啊。真是非常細心的人，可以一眼就看穿我的想法。」這樣的感覺。只要傳達出「我可以理解你的心情」，就能在爭論中解決很多問題。這個技法不是憑空而來，是我累積八年無數諮詢經驗才領悟到的技巧。

「意識說話法」被我頻繁使用，並獲得了許多成功，例如在我的 YouTube 頻道上有一個名為「分手後被封鎖，卻能在二週內復合」的影片。當看到影片縮圖時，一般人會有什麼樣對立的想法呢？

① 都已經被封鎖了還能復合？別胡說八道了。

② 現在的 YouTuber 都流行這麼誇張嗎？

③ 什麼話啊，分手後封鎖對方，怎麼還會想復合？

　　為了推翻這些對立想法，我用「意識說話法」在影片一開始就開門見山的說：

　　「『分手後被封鎖，卻能在二週內復合』，看到這個主題而點入影片的各位，一定會覺得我是來討罵的吧？」

　　一句話讓許多對立者產生「原來頻道主知道我的想法啊」、「頻道主自己也明白會受到什麼批評啊」、「那就來看看他到底要講什麼吧」等類似想法。結果那些認為我的影片一點可信度也沒有的人被說服「至少看了一分鐘的影片」。我們現在雖然在討論「說話」這件事，但我認為在商業營銷上也是同樣的原理。在你推銷某樣產品時，不也是得先說服那些對你懷有質疑的對立軍嗎？

　　最終的重點是，無論談論什麼主題，都不要忘記隨時會有持反對意見的人存在。因此一定要知己知彼，試著預先了解對方的心理。剛開始或許命中機率不高，就當練習，不用太在意。慢慢地你會發現，銷售你的「惡人品牌」時會越來越得心應手。

如何談論沒看過的書？蛛網理論

　　如果沒有比別人聰明，至少看起來沒那麼聰明，就很難建立領袖風範。為了克服這個問題，我花了很長的時間思考「如何談論沒看過的書和不知道的事物」。我們不可能把世上所有的書都讀完，也不能因為過著惡人生活，遇到不懂的事就任性地丟下一句「我不知道」，一副若無其事的樣子。

　　當時正是《淺薄而廣泛的知性對話》一書受到矚目的時候，一位朋友說：「我不喜歡那種只看了一本書就以為知道全世界而自以為了不起的人。」我把這種思維方式叫做「非企業家思維」。「企業家思維」不會隨意判斷對錯，就如同在汙濁的泥水裡聚集了很多魚，不能因為認為魚很髒就放任不管，而是應該研究泥水中是否存在未知的礦物質等成分，這才是企業家思維。

　　我在大學時期經常閱讀有關哲學方面的書籍，常常從中挑選難理解的書，一邊抱怨，一邊想盡辦法讀完，然後獨自享受那種滿足感。現在回想起來，真是非常沒有效率的行為。當時

雖然讀得那麼費勁，但至今還留在我腦海中的內容又有多少呢？

但是《淺薄而廣泛的知性對話》一書，從頭到尾都毫無贅述地只談論核心，精準不囉嗦的俐落文章被形容為「像用『奧卡姆剃刀』（Occam's razor）剃下來的文章」。奧卡姆剃刀具有「越簡單越強大」的意義，也就是說，看似簡單的書，對某些人來說也會有很大的效用。人們看到那種只看重點整理的人，就指責他們是為了炫耀博學而看書，但就算是這樣，也比不看書好一百倍。

對於不了解的書籍或知識，沒有進行任何投資就不會獲得成果，但是可以用最低限度的投資取得最高效果，就是「蛛網理論」。

蜘蛛網的中間最緊密，所有蜘蛛線都與中間的六角形相連，因此若抓住中間，就可以把擴散的網拉起來。知識也是如此，具有貫通眾多書籍的共同原理（即蜘蛛網的中央部分）。

以下列舉各個領域著名書籍的一些內容。

■ 《The System》，史考特・亞當斯（Scott Adams）著：事實上，人類的大腦還沒有「進化」到可以準確掌握並傳達現實的水準，但是我們的小腦可以做出有利於生存的判斷⋯⋯
■ 《豐盛心態：實現自我價值，發揮最大潛能，創造人生

複利效應 I'm Worth More: Realize Your Value. Unleash Your Potential》，羅伯·摩爾（Rob Moore）著：人類在「進化」過程中作為保障安全、避免威脅的手段，促使社會敏感性的發展。

■ 《數據的假象：數據識讀是深度偽造時代最重要的思辨素養，聰明決策不被操弄 Calling Bullshit: The Art of Skepticism in a Data-Driven World》卡爾·T·伯格斯特姆（Carl T. Bergstrom）與杰文·D·威斯特（Jevin D. West）著：歸根究柢，我們是為了在這個世界上尋找模式而「進化」的，唯有這樣才能避免風險，以利尋找食物，對應社會互動。

■ 《鋪梗力：影響力教父最新研究與技術，在開口前就說服對方 Pre-Suasion: A Revolutionary Way to Influence and Persuade》，羅伯特·席爾迪尼（Robert Cialdini）著：人在「進化」過程中，與基因上相關的他人形成雖小但穩定的個體群，因為即使不在同一個家中，對親近的人也會產生好感。

■ 《長勝：靠運氣贏來的，憑實力也不會輸回去，常春藤名校「模型思維」課程指定必讀 The Success Equation: Untangling Skill and Luck in Business, Sports, and Investing》，麥可·莫布新（Michael J. Mauboussin）著：這種行為可以用「進化」論來解釋。因為比起將世間萬事歸咎於運氣而不努力，相信能夠控制事件更有利於人類生存。

以上是我隨機挑選的五本書，內容都是以「進化論」為前提，更具體來說，就是以「物競天擇」的概念作為說明的依據。（現在還不知道也沒關係）難道那些作者約好了決定「以後所有的書都要以進化論為基礎寫作」嗎？

核心重點其實很簡單，就是在任何領域都有無法迴避的基礎概念。

■ 科學：物競天擇、能量守恆定律、薛丁格貓……
■ 心理學：確認偏誤、安慰劑效應、破窗效應……
■ 經營：定位、發展、參考、洞察力……
■ 哲學：演繹和歸納、自我、理型論……

我把這些知識叫做「蜘蛛網中心的知識」，而且每次看書時都會把這些基礎概念簡單整理一下，久而久之就會有印象。雖然剛開始不習慣，但只要打好基礎，好處就會像銀行利息一樣不斷衍生。只要好好學習蜘蛛網中間的知識，看到類似知識出現的時候，大腦就會意識到「這個概念很熟悉」，會比平時更快吸收知識。

根據蜘蛛網理論篩選並涉獵重要知識，甚至還可以說出原本「不知道的知識」。我在應徵面試時被問到：「為什麼進步主義者的平均智商高於保守主義者？」我一點頭緒也沒有，當

場感到很驚慌，但為了說出答案開始在腦海中翻找。後來想起以前讀過的某本書曾提到過，「進步主義的核心是分配，保守主義的核心是競爭……」我展開思考。

「進步主義的核心是分配，保守主義的核心是勝者獨食。智力低下的動物遵循勝者獨食的結構，因為那樣比較方便。在人類歷史上也是如此，越古老的文明中就越能夠發現，弱肉強食的法則支配了社會，而不是分配。於是，一些人開始提出法律和倫理，思考新的社會秩序，那些人我們稱為哲學家。他們追求的不是強者獨霸一切的社會，而是人人平等的社會。他們的智商可能比接受勝者獨食結構的絕大多數人要高，因此智商越高，成為進步主義者的機率就越高。」

結果我的回答與正確答案相當接近。我沒有仔細精讀任何一本書，只是快速看過找到重要概念，卻也能夠說得有條有理。在面試之前，有兩年時間我幾乎整天都在看書。另外希望大家知道，在寫答案之前思考了三個半小時。幾年後在《智能悖論》（知能のパラドックス）一書中可以確認我的答案是正確的。

淺而廣泛的知識具有巨大的破壞力，足以決定改變我人生的面試是否能通過。讀到這裡，或許你會想「保守主義者的智商低？作者怎麼能提出這種主張？」而指責我，那麼你就是陷入了「道德主義謬誤」。

■ 實踐 ■

立刻	一週	一個月	三個月

　　市面上出版了許多可以獲得蜘蛛網中心知識的書,例如《萬物簡史》、《○○語詞典》等就是代表性的例子。

　　平時是否對這類書籍抱持著「知識淺薄的書」這種偏見?把偏見拋開,現在馬上去書店買回來。不要只挑重點,應該好好從頭到尾都讀過,把書中的所有概念整理在筆記本上背誦下來。短暫的投入會使你迅速學會別人要花十年才能累積的知識,而這些知識在你閱讀其他艱澀的書籍時會成為珍貴的指南針。

實踐筆記

_____

_____

_____

_____

話會揮發，
但文字會永遠留下

惡人的武器② 流暢的寫作力

月收入 86 萬的電子書作者的寫作法

　　說話和寫作是一致的，而且必須一致。許多人很會說話，口若懸河，但寫作能力卻很差。寫作力是執行惡人成功的必要條件「支配力」時的關鍵。

　　話語具有很強的揮發性，但文字可以永垂不朽。如果說，話語可以瞬間抓住追隨者，那麼文章就是讓追隨者持續跟隨你的武器。擁有了追隨者，如果不能維持良好關係也沒有任何意義。成功人士用書籍留下自己的價值觀不是沒有理由的，雖然話語會隨著時間而被淡忘、消失，但是書籍會永遠存在。更何況，一本好書或好文章會廣泛流傳，影響許多人。

　　心理學有個名詞叫做「鄧巴數」（Dunbar's number），意指就算交遊廣闊，真正能維繫緊密關係的也只有一百五十人。但是我認為這個理論錯了，現在隨著社群媒體的發展，人際關係的數量正迅速增加，無法與以前相比。當然，這也意味著「單向關係」的追隨者，會比以前更緊密地追隨著特定對象。而要實現這個目標，就需要文字。

文章一旦公開，就能讓無數人反覆閱讀，公開前也有充分的時間修改調整。比起說話，寫文章更安全，失誤率也更低。所以現在怎麼可能只有一百五十人？那些知名部落客都至少有超過上萬的粉絲。

寫作和說話攜手顛覆了我的人生。首先，每天都用心寫的憤怒日記總是讓我充滿幹勁。第二，憑著一篇諮詢案例分享文章，就讓我收到其他公司的挖角。第三，內容豐富的專欄成為向許多潛在客戶證明我的能力的指標。第四，長久訓練出來的寫作力成為出版四本電子書的原動力，為我創造了超過七百萬元的銷售額。第五，因為寫作，讓我得以與編輯相遇，因而誕生了這本書。

在進行諮詢時，我經常聽到「你的專欄寫得太好了」這種稱讚。不要認為你現在從事不同領域的工作，不適用這個原理。先開始行動吧，持續一段時間後，你就會發現寫作是所有事情的基本功。

寫作力會為你帶來追隨者，也是讓他們持續跟隨你的原動力。要成為「惡人大企業」，培養寫作力不是選擇，而是必須的條件。接下來就來了解一下有哪些方法。

始於匿名，顯以實名

　　在大學時期，與討論社團一起支撐我成長的另一個軸心，就是匿名的社群媒體帳號。已經是十多年前的事了，或許很多人已不復記憶，但當時在我們學校很有名。我用這個匿名在臉書上寫了詩。或許因為父親是教師也是詩人，所以我多少有些遺傳基因吧，雖然是第一次寫詩，卻迅速擁有粉絲。於是我逐漸擴大領域，開始寫專欄形式的文章，內容包括各種社會問題的焦點時事，粉絲人數也逐漸增加。

　　現在回想起來，當時使用匿名真是明智的選擇，並非有什麼特別要隱瞞或不敢讓人知道的事，但在提高寫作力方面，匿名寫作比實名寫作更有利。

　　人是社會性動物，大家一定經常聽到這句話，這就是事實。因為是人，所以很難擺脫他人的評價和目光。再加上當時年紀比較輕，還沒有惡人的概念，所以會很在意別人的評價，在公開的帳號上只寫極其「安全」的文章。換句話說，因為在意他人的視線，所以無法自由表達想法，總是不時自我檢視。

只要是用實名寫文章，哪怕只有一次，也無法放下心防。

用匿名的好處，是因為他人無法知道是我，所以變得更自由，可以更自信地用強烈的文體寫東西，即便收到批判性的反饋，也不容易受到動搖，因為反正他們不知道我是誰，這種安心感加強了我的自信心。無論寫多麼令人寒心的文章，也不會聽到批評「孫秀賢」愚笨的評價。透過「不理會他人目光的寫作→不受負面反饋的傷害→可以冷靜地接受建議改善」這樣的良性循環，我的寫作實力與日俱增。

不過我要特別強調，這不是鼓勵隱藏在匿名背後，對他人任意謾罵或留下惡意留言。絕對不要寫下貶損他人的文字，每個人都有自己的人生，無論什麼主題，同樣是匿名，堂堂正正的討論與藉此惡意攻擊他人是截然不同的。我相信閱讀這篇文章的你應該充分了解其中的差異。

在使用匿名發表文章幾個月後，我終於公開了真實姓名。當時我認為只有公開我的一切，才會出現真正追隨我理念的人。這個想法一半對了，一半錯了。原本的粉絲中有半數在我公開真實身分後仍然跟隨我，另一半則似乎覺得幻滅，紛紛取消追蹤。但我無所謂，不管怎麼說，這段期間我的寫作實力經過磨練大大進步。就算是耶穌也無法滿足所有人啊！我心裡這麼想著。

其中有一位追隨者在我的建議下，了解匿名寫作的重要，

開始在部落格上寫文章。最初發表的多為簡單的評論，隨著寫作時必須進行的研究和調查，他很自然地累積相關領域的知識，寫出來的文章更具系統性，內容也更豐富，寫作能力大幅提高。等到粉絲數量增加到某個程度後，他開始正式發表分析性文章。六個月後，他成為擁有三千名粉絲的明星部落客，還收到廣告贊助、有稿酬的邀稿評論等各種提案。人們不一定只想看提供資訊的文章，所以鼓起勇氣，現在就開始建立你自己的「寫作基地」吧！

　　有一點必須特別注意，就是不要為了粉絲數而隨便加好友，數字不重要，你應該只接受「真正的好友」，不是真心的人對你再怎麼用心寫的文章都不以為意，他們也只是為了增加自己的人氣而與你進行形式上的交流，隨時都可能取消追蹤，這是拉低部落格質感的致命因素。同時，如果過分執著於粉絲數量，難免會為了吸引粉絲而草草寫出文章。因此要排除「為什麼我的部落格粉絲數量那麼少」的焦慮，樹立「堅持寫優質文章，粉絲自然會增加」的堅定信念。這不僅在部落格，經營各種類型的社群媒體也一樣適用。

▓ 實踐 ▓

立刻	一週	一個月	三個月

　　現在就鼓起勇氣開啟自己的部落格，建立寫文章的社群帳號，勇敢接受各種批評指教。從一開始就要公開帳號，寫下只屬於你的故事，若有什麼專門領域最好，但也不是必須。不管是日常瑣事或有感而發，都可以先記下來。

　　部落格要經營得好有一些原則：一、不要把記在筆記本上的內容搬到部落格，一開始就在部落格的系統內打文章。二、不要過度重覆關鍵詞。三、文章閱讀的時間越長，部落格的品質就越高。

　　不過並不是要你一開始就費盡心思，就算還不熟練寫文章，能夠每天寫就是最重要的。什麼？覺得每天寫太難了？那麼或許是名叫「完美主義」的那個傢伙讓你無力，我們將在下一章打敗它。

實踐筆記

■ 我決定寫「最差勁的文章」

在部落格最活躍的時期，我每天都會上傳至少二篇不短的文章。當然我相信有人比我更勤勞，但這種程度已經很了不起了。很多人會問我到底如何獲得靈感，如何迅速寫出內容。

偷偷告訴你，我有兩個負責寫作的靈魂，第一個靈魂個性很隨便、自由，從不顧別人的目光，也不管別人看了會怎麼批評，想寫什麼就寫什麼。他有很多想法，可以在寫一篇文章的時候，突然又冒出新的主題寫新的文章，完全沒有過濾內容，文字中間夾雜著俗語，還會針對特定的人事物暢所欲言，鬧得不可開交。

當第一個靈魂嘻嘻哈哈地退下後，第二個靈魂會嘆著氣登場。他什麼事都會擔心，表情總是愁眉苦臉的。首先，他會先仔細分析第一個靈魂亂寫的文章，刪除不恰當的部分、訂正錯誤，然後更真誠地寫作，為第一個靈魂如雷電般寫下的荒唐內容，一一尋找科學依據。

第一個靈魂產出的內容我稱為「草稿」，第二個靈魂就是

「潤稿」，你也要有這樣的兩個靈魂。大部分人會犯的錯誤是文章一開始就由第二個靈魂主導，但他並不是推動寫作進度的專家。結果，你把一篇文章前後改了數十遍後還是不滿意，乾脆關掉電腦。第一個靈魂雖然衝動又愛惹麻煩，但卻能夠很快產生原稿。交給他主導，完成的文章「錯誤百出」是理所當然的，應該會很不好意思公開，但你必須先按照自己的想法寫文章，只有這樣才能前進。我在寫作的策略中最有效的方法，就是從一開始就決心要寫「亂七八糟的文章」，如此一來進度就會很快。也就是這個時候培養出惡人的氣魄，不看別人臉色，隨心所欲地寫。

文章寫完後，務必安排一天休息日，休息期間絕對不能查看或修改文章，因為第二個靈魂很害羞，要給他一天的時間準備好再出場。一天不看文章，你的大腦就會在無意識中調整好狀態，當你再看文章時，就可以從客觀的角度來看。而第二個靈魂已經準備發揮了，修改缺乏邏輯的部分，改正錯誤，加強內容等。

每篇文章都要經過潤稿才算完成，若你希望在草稿階段就完美呈現，那便會成為一個懶惰的完美主義者，這個簡單的道理很多人都懂卻不願照做。你現在看的這本書仍有很多瑕疵，但如果你看到我的第一靈魂寫的草稿，八成會感到不可思議。如果將草稿原封不動出版的話，相信很多人都會大罵「憑這種

實力也敢出書喔？還真給他說中了，這世界變得什麼都很容易了。」或許會帶給你極大的自信，然後心想，喔，現在看到的書稿原來不過只是這種水準啊？我知道了，該按作者的建議去教訓第二個靈魂了。

在你的文章中，遵循你的法則

先從結論說起，文章是你的。也就是說，你的文章需要你自己制定規則，一切都依循你內心的想法。

我常會用「本文對閱讀能力不足的人有困難，請返回上一頁」這樣的警告文，雖然是想刺激讀者讀完文章，但實際上也確實是限定具「一定程度以上」讀者閱讀的意思，因為這樣比較有效率。也許有人認為不該寫具歧視意味的文章，但是作者有權力規範自己的讀者。不需要特別的理由，因為文章人人可寫，只要不是離經叛道即可。假設你只為女性寫文章，男性讀者看到主題為「只給女性的文章」，當下可能會感到不舒服，但那只是暫時，至少不用等到浪費時間後再來抱怨。

羅馬有羅馬的法律，你的文章也有你自己的法則，內容由你制定。訂定法則反而會使你的惡人魅力在文章中更突出，牢牢連結你與追隨者。舉例來說，可以制定以下法則。

一、限定讀者

■ 「閱讀能力不足者，對今天的文章可能會很難理解。」

■ 「若平時不喜歡看書，今天的文章就跳過吧！」

■ 「智力未達一定程度者無法理解這篇文章。」

二、限定公開的部分、重點部分

■ 「我將公開所知的一小部分。」

■ 「無法完全說明，敬請諒解。」

■ 「礙於時間限制，本文只有重點內容。」

三、提示是否與讀者進行溝通

■ 「若有疑問請留言或私訊，謝謝。」

■ 「非常抱歉，因為諮詢的人太多，所以暫時不接受提問。」

■ 「關於○○的內容，我們會依私訊的順序依序回覆。」

　　也許你會擔心「這樣是不是太傲慢了？如果讀者不高興，連文章都不看就離開怎麼辦？」關於這點，我有不同的看法。

　　大多數的人都希望寫出的文章讓越多人滿意越好，他們盲目希望很多人來閱讀自己的文章，執著於點閱數。但如果你想做生意，就應該盡快擺脫這種錯誤的常識。寫作最危險的是不設定任何目標讀者。現在大企業拚命收集顧客大數據資料是有原因的，重點不是讓更多人閱讀我的文章，而是要讓真正該讀

的人來看。縮小目標顧客（讀者）的寫作方式稱為「瞄準射擊」技法。相反地，粗略設定或根本不限定目標群的寫作方式則是「亂槍打鳥」。就像拿噴霧器朝空中隨便噴一噴，寫好文章後祈禱能在某處遇到知音。絕不要像用殺蟲劑噴蚊蟲一樣，把你的文章漫無目標地噴在空中。

前面所舉三個例子的共同點是透過限制，可以增加文章的神祕感，提高價值。「設定讀者」刺激了讀者的挑戰心理，增加讀者對「限定公開的部分、重點部分」的好奇心，「提示是否與讀者進行溝通」則提高讀者的參與率。

或許不管我怎麼解釋，你多少還是對這樣的寫作方式反感。其實無須擔心，這世上不可能所有人都喜歡你。我親身體驗到，比起被很多人閱讀，但在他們心中沒有留下任何影響力的無聊文章，不如寫一篇就算看了會「不舒服」，卻會給心靈帶來刺激和觸動的文章，這樣才能為你的生活帶來更多助益。

所以不要為了不被罵而浪費時間寫一篇沒有用的文章。即使會被罵，也要寫出讓讀者留下深刻印象的文章。後面會再提到，或許不夠完整或不和諧，但能坦率地表達想法的文章，才能打動那些對你價值觀和夢想有共鳴的追隨者們。對於惡人而言，珍貴的不是無數匿名粉絲，而是將夢想變成現實的少數真正的追隨者。就像蜜蜂會被芬芳的花朵吸引一樣，真正的追隨者也會依照著你的法則寫下「利己的文章」，聚集在你身邊。

比一千項事實更強大的武器

聽過康德嗎？他是當代最優秀的知識分子，但如果讓他做生意肯定會失敗，因為他的文章不僅難讀，還很無趣。我想特別強調，寫無聊文章的人絕對不會成功。

先來翻翻標準國語大詞典吧。在詞典中搜尋哲學家們經常使用的「存在」一詞，會出現這樣的解釋。

持續占據時間或空間，尚未消失。根據其形態可分為物理的、數學的、社會的、人格的。

連喜歡哲學的我都看不懂這到底是什麼意思！哲學家提出的主題通常都很難，其中康德的文章更是令人費解，連學界人士也很難理解。許多知識分子因無法完全理解他的理論而遠離他。雖然我們現在才知道他的偉大，但就算在他已得到認同的今日，就連平時堅持閱讀人文書籍的所謂教養人士，也無法簡單說明康德的哲學。

當然你不是哲學家，更不是康德。這種簡單易懂的忠告在某個瞬間已被人們遺忘。光是在我的周圍，就充滿了許多「二十一世紀的康德」，認真讀了點書的專家或知識分子，誤以為自己說的話一般人理所當然都會懂。他們是被「知識詛咒」所困擾的人，所謂知識詛咒，就是太高程度的知識反而會妨礙原本可以向大眾輕易傳達知識的現象。趕走你心中的康德吧！你必須排除以下錯誤。

第一個詛咒：抽象地說明抽象用語

以下節錄自康德的代表著作《純粹理性批判 Kritik der reinen Vernunft》中的內容及解說。

越是頻繁地思考，越是新鮮，用越來越大的驚嘆和敬畏填滿心靈的兩樣東西：我上方布滿星星的天空，和我內心的道德法則。

……從這一點可以看出《純粹理性批判》透過第一個問題進行關於人類認知和知識的討論。據康德的說法，在理性主義哲學的傳統中，理性存在能力沒有得到驗證，隨意追求神、靈魂不滅、自由等無限制者的問題。

首先，光看字面你能理解嗎？我完全看不懂那是什麼意思。如果你的文章以這種方式開始，那麼辛苦擁有的讀者中，

超過百分之九十的人馬上就會離開。艱澀的內容超過三行以上，讀者就會停止閱讀。「我知道的別人當然也知道」、「因為在我的腦海裡已經完美建構好了，想必別人也會很容易懂吧」……寫作不能有這樣安逸的想法。如果作者這樣想，那麼讀者對內容也不會花太多心思。設法把所有抽象用語用具體的詞語表達出來，寫作時絕不能忘記這個原則。

第二個詛咒：沒有故事，只有說明

我在公司的專欄文章裡，大多以心理學和統計學為基礎。喜歡科學性、邏輯性內容的人是我們公司官方部落格的粉絲。但意外的是有一篇與之前完全不同主題的專欄文章引起史無前例的迴響。這篇文章名為《將疑似罹患失智症的母親送進醫院》的故事，描述了擔心被診斷為失智症而拒絕去醫院的母親，以及活用心理學說服母親的兒子之間的故事。

　　我狠毒的不孝行徑似乎讓母親暫時喪失記憶。「秀賢，我有打過電話給你嗎？告訴我。」可能是因為和我大吵了一架，受到極大的刺激，所以出現了失智的症狀。和電視上看到的一樣，我突然感到不安，擔心母親不久之後就會連我的名字都忘了。連著好幾天，帶著「之前做了那麼多不孝的事情，現在終於遭受報應」的心情，幾乎每小時哭一次。

但是我馬上振作起來，拿出心理學的方法說服母親去醫院。為了讓母親安心，我笑著說：「別擔心，媽媽如果失智了，我會馬上送您去療養院，而且會經常去看您的。」（母親可能更擔心兒子獨自一人會陷入憂鬱。）說完我轉身走進自己的房間，頓時淚流滿面。雖然我是那樣安慰母親，但若她真的失去記憶，我根本不可能笑得出來。每當去看望為了做檢查而住院的母親，我都會強顏歡笑，讓她安心。

　　經過兩週的詳細檢查，結果沒有任何異常。父母約我一起去外面吃飯，但我無法跟他們去，因為之前積累多時的情緒突然一湧而上，我獨自在洗手間洗臉超過三十分鐘。

　　我想告訴部落格的粉絲們，如何利用心理學說服他人，但如果是像「利用知識對人生一定有幫助」、「要認真讀書，培養屬於自己的哲學」這類誰都想得到的內容，寫出沒有特色的冗長文章，結果會怎麼樣？應該沒有人會按讚吧！以現實生活中經歷的小故事為基礎，表達心理學在日常生活中如何活用的內容，才會得到人們的喜愛。

　　對冗長的說明文章感到無聊是很自然的事，沒有人想把寶貴的時間浪費在沒有意義的地方。但是一旦你開始講故事，人們就會開始想像，即使不特別要求，人們也會靜靜傾聽。這就是故事的力量。

如何寫出令人感嘆的文章？

想要寫好文章，必須嚴守一項規則。我看書時會邊看邊畫線，能讓我畫線的句子有兩種。

第一種是包含書的核心智慧的句子。大部分書會在引用各種統計、理論說明根據後，提出決定性的主張。這樣的句子我會畫線並記在心裡。

第二種是讓人驚嘆的句子。我很意外有許多人閱讀時不會畫線標示重點文句，我在與許多作家建立人脈之前，還以為所有人都像我一樣會在看書時畫線。每本書至少都會出現一兩句美麗的文句，這些文字讓人感嘆。在遠離感動的科學書籍和非文學圖書中見到這樣的文句，我會覺得很開心。

這並不是要叫你買什麼名人語錄或諺語大全來看。名言和諺語都是「簡短的美學」，若要說明的話，就是最大限度地縮短綿長的智慧，植入人們的腦海。因此，有些評論家認為「詩」是比「小說」更優雅的藝術。因為詩的關鍵在於如何簡短而強烈地傳達故事。廣告文案也一樣，要用簡短的句子感動

他人是很困難的事。

不分領域，每本書都隱藏著簡短而強烈的美麗句子，再差的書裡也至少會有一句。要強迫自己收集，如果可以，就記錄在自己的部落格，以便查找。在此過程中，你會自然而然掌握高品質文章的結構和原理，久而久之，你也會在寫文章時自然寫出美麗的句子。這就是提高寫作力的一條捷徑。

要想寫好文章，方法很簡單，多收集一些好的文句即可。要憑空寫作當然很難，如果寫作時常常想不到好文句而苦惱，就代表你的「存糧」不足。

我每個月都會查看我創作的高價電子書上讀者留下的評論，令人意外的是百分之九十五以上都是「善意的留言」。由於不斷提取許多書籍精髓，填滿在「屬於我的文字筆記本」中，所以寫作時很自然地會將讓讀者感嘆的文句分布在文章的各個角落。不喜歡看書也沒關係，只要規定自己每天都要寫下一句好的文句，即使再沒有內容的書，也一定會出現一句令你感嘆的句子，有空就記在筆記本或在個人網頁不公開的空間裡，每週至少複習一次，寫作力就會提升。

文章收藏家要活躍在各個領域，若相信「世界到處都是寶物」，那麼所有一切都值得你收集。就算只是一個 YouTube 影片，也不要沒有靈魂地看過就算了，要去留心點擊率高的影片都使用些什麼樣的縮圖和主題。每次看到這樣的影片，就截圖

下來存在手機裡，所有一切都可以是素材。我的手機照片資料夾裡就儲存了數千張這樣的截圖。

不過，要注意引用和剽竊的差異。常看到新聞爆料哪個藝人疑似抄襲，一般都會辯稱「因為常常聽，旋律太熟悉了，結果無意中就做出類似的作品」，雖然肯定有人說謊，但必然也有真的很委屈的人。我也因為長期收集了很多文句，在寫作時會不知不覺使用，當某天偶然把書拿出來看時，才發現「原來那句話是從這本書裡出來的啊！」然後我就會趕快修改文章。

因此，當你積極收集好的文句的同時，也別忘了要抽時間回顧，並時時提醒自己是否在無意間抄襲別人寫的文字。別人的智慧和洞察力產出的美麗文句，在寫作時一定要經過消化後用自己的語言表達出來，這是對其他作家最起碼的尊重。

以研究論文為例，現在已經有技術可以判斷論文中引用的文章是真的引用還是抄襲，在輸入論文相關數據後，系統就會分析並顯示抄襲文章的比例。引進這個工具後，所有研究人員在撰寫論文時都會先充分理解資料文章，努力消化理解後用自己的方式表達。不要忘了這項職業道德。俗話說，模仿是創造之母，套用一部分創意無妨，但絕不能明目張膽地抄襲，這樣對自己沒有任何幫助。要懂得拿捏分寸，唯有努力不懈的練習才能寫出自己的文章。

■ 實踐 ■

立刻	一週	一個月	三個月

　　在閱讀看似與成功毫無關聯的小說或詩等文學作品時，也不要忘了收集好的句子。

　　對文章不要存有偏見，就算是看奇幻小說，也一定隱藏著令你讚嘆的寶貴文句。

實踐筆記

即使被罵也要是故意被罵

惡人的武器③　社交智商

■ 人際關係是「正」與「負」的累積

你看過從不與他人交流而成功的企業家嗎？我想應該沒有。一提到惡人就會想到他們總是獨來獨往，但真正的惡人應該是要以領袖風範和魅力獲取人們的心，在這當中最重要的就是「社交智商」，英文簡稱「SQ」，就是「Social Quotient」的縮寫。

有一種理論叫多元智能理論，認為人類不能只有智商發展，還需要語言智能、數學智能、記憶力、創造力等多元智能。其中社交智商是指理解他人的情感，產生共鳴，並根據情況做出適當行動的能力。接下來將具體說明。

人際關係像一個以時間為軸心，在每一個見面和聯繫中累積「正」和「負」的圖表。社交智商出眾的人會適時做出讓對方滿意的行動，容易受到喜愛和歡迎。簡單來說就是逐漸積累「正」的分數。那些長期活躍的藝人們基本上社交智商都很高，但很多人不知道，社交智商正是決定人生的關鍵能力。

在《生活槓桿 Life Leverage》一書中，作者羅伯・摩爾

（Rob Moore）主張，善用「槓桿」策略並具有卓越能力的人，就可以輕鬆取得成功。例如投資股票，不須自己一個人費心，把錢交給有能力支配股市的人才是成功的捷徑。但這方法真的有用嗎？電視劇《財閥家的小兒子》中有句臺詞說道：「我沒有的東西而你卻有，那才叫交易。」

期待那些能力比你強的人會毫無條件地分享資源給你，就太天真了。他們有屬於他們的世界，除非你有特別的能力或財力，否則他們根本不會理你。就像想跟投資之神巴菲特吃一頓飯，必須付出高額的金錢一樣，從某種角度來看，這其實是理所當然的事。

但是，有個好用又免費的工具，可以把他們當作槓桿，那個工具就是社交智商。社交智商高的人容易給人好感，這不是大家都知道的道理嗎？但意外的是，能掌握該項能力並自由運用的人少之又少。在我諮詢過的七千多人中，大概只有百分之三到四的人可以做到，以下就分享我曾經歷過的小故事。

受到每小時收費 2 萬元的
諮商師青睞的人們

　　開通 YouTube 頻道後，我經歷了很多事。隨著頻道逐漸成長，訂閱者超過五萬人，我的 Instagram 每天都會收到數十條以上的私訊，都是來向我提案或尋求幫助的。大致上有兩種類型。

　　第一種是不分青紅皂白就要求幫助的訊息。他們會把故事寫得很長，然後要求：「請解釋一下這是什麼意思。」「請告訴我該怎麼做。」「照片很難解釋，用說的比較快，請接收我的語音訊息。」如果我正好在忙而未馬上回覆，很可能因此傷了他們的自尊，於是取消追蹤。我不是不能理解求助者焦急的心情，也可以推斷他們面臨急迫的情況。比起不做任何嘗試，也不尋求專家幫助的人，主動出擊的人必然更有機會得到自己想要的東西，至少會多出 50％ 的機率成功。但我也是人，我不是一天二十四小時都只露出燦爛的笑容，還有很多人是付了諮詢費來找我的，面對那些不分青紅皂白提出問題、要求回覆的訊息，任何人都很難欣然接受。「那種行為是社交智商低的

人才會做的行為，我才不會做那種事。」你也這麼想嗎？令人驚訝的是，在我收到的訊息中，一百則裡有九十九則都是這樣的。唯有親身經歷過失去，才能理解那種急切的心情。

第二種是具有高社交智商的人發出的訊息，大概一百則當中會有一則。這種人一開始會先請求諒解，然後一定會寫：「不一定要看也沒關係。」還不忘補充：「冒昧打擾您，真對不起。」就算我過了一段時間才回覆，對方也會極其感謝。另外，他們在說出自己的目的之前會先客套一番，然後再小心翼翼地問：「如果方便，可以請教一個問題嗎？」然後才說出真正的目的。這種人雖然心裡也很急切，但會先考量我的立場，努力克制自己急迫的心情。如此一來，通常會有較高的機率得到想要的解答，讓每小時收費 2 萬元的諮商師，願意挪出五分鐘提供簡短的建議。在戀愛諮詢的領域，通常經過一次判斷就能知道會不會成功，這與股票投資很類似，都是一場選擇遊戲。就算只有五分鐘的諮詢，也能大大提高戀愛或復合的機會。結論就是，這類人因為擁有較高的社交智商，而獲得了我的回答，取得最佳建議。

社交智商不足的人，容易因為做出不適當的行動而遭受損失。自己創業的人最清楚社交智商的重要性，因為透過無數經驗，我們體會到社交智商可以幫助自己獲得數億元的合約，在鉅額資金的協商中占據有利位置。如果你到現在還沒正式踏出

成為惡人的第一步，就必須磨練社交智商。

我之所以能進入 ATRASAN 公司，到現在成為代表，都是因為長時間磨練我的社交智商。二〇一二年，我的身分是尋求諮詢的人，帶著懇切的心情接受可能是最後一絲希望的復合諮詢，結果被評斷為「復合機率只有 10%」。

如果我是第一種類型的人，也許會因為無法控制情緒而痛哭，但是我沒有表露憤怒，也沒有怨恨或責怪諮商師，只是虛心接受結果並說道：「我的戀愛是我自己搞砸的，如實分析的諮商師並沒有說錯。諮商師肯聽我的故事就已經很好了，真的很感謝，我真心這樣認為。」

兩年後再尋求諮詢，之前的諮商師因個人因素無法接我的案子，於是我接受了「蝙蝠」的諮詢。令我意外的是，蝙蝠竟然知道我第一次諮詢的內容，原來當時我真誠的態度似乎在公司內傳開了。

社交智商不是與生俱來的。上大學的時候朋友們經常對我說：「秀賢你靜靜不說話時表情很可怕。」當然我對他們沒有任何惡意，但如果讓對方有那種感覺，那麼我也算是做了「社交上的不恰當行為」。

也許正在讀這本書的讀者也有這樣的經驗，沒有做出任何可能造成問題的行動，別人卻在背後說我壞話或者莫名其妙有一些關於我的不好傳聞，如果放任不管，可能會招來無法預測

的災難。我們在說話時也要理解對方的情緒，這樣才能適當掌握分寸，寫文章的時候也一樣，要理解讀者的心情，這樣才能寫出容易理解的文章。總之，一切都需要社交智商。

「我都決心要像惡人一樣走自己的路，還顧慮那麼多做什麼？」會這樣想，代表你還沒完全理解惡人的概念。惡人應該要能夠行使支配力，這種支配力並不是盲目地貶低對方，那利用煤氣燈效應就能實現。首先要得到對方的好感，接下來才是建立權威。好，那麼接下來就來談談在我構築惡人支配力之前，為了獲得最低限度的影響力而展開的「奇怪的行為」。

莫名其妙加入話劇社一年的理由

　　當年在準備進入公司前，為了磨練自己，我不知哪來的靈感莫名其妙加入了話劇社。事實上在做出這個決定之前我很苦惱，覺得自我開發的時間都不夠了，還加入話劇社？只是單純喜歡戲劇，就衝動地把寶貴的時間投入社團，有種光享受沒有獲得的感覺，心裡其實並不暢快。現在回想起來，加入話劇社還真是荒唐透頂的決定。

　　但當時的經驗對我的成功發揮了很大的作用，那段時間並不是白白浪費，我可以說是走上快速提高社交智商的捷徑。到底話劇社對我的生活提供了哪些幫助呢？

　　話劇社裡充滿了自我風格強烈的人，就用「公務員」來比較吧，以維持現狀為最優先的公務員，他們的大腦系統首要追求「穩定」和「均衡」，但是話劇社裡聚集了更加形形色色的人。他們特有的藝術感性互相刺激，總能誘導對方做出獨創性的行動，吸引其他特別的人來到這個社團。

　　我認為有機會的話，任何人都應該體驗一下，身處在這樣

能與許多個性完全不同的人相處的經驗。這很像數學，如果只解決基本問題，實力很難進步，但如果丟給你一個由各種概念組合在一起的問題，或是初次見到的特殊問題、新類的問題等，透過解題，實力就會急劇上升。人際關係也一樣，我稱為「進入深海」。深海裡聚集了各式各樣平時很少見的奇特魚類，是在只有鯖魚或鮪魚出現的海域看不到的魚。我在話劇社這個深海度過了一年，共參與了兩次演出。演出本身很有趣，而我的社交智商也快速上升。

我親身體驗到剛開始討厭我的人，隨著時間流逝，開始對我的特定行為予以認同。與原本不熟的女會員交談中，獲得更多元的素材，很自然地掌握延續對話的方法。

當我做出哪些行為時人們會表現出反感或不愉快的反應？我不斷接收到反饋，經歷他人的反應越多，社交智商就越快提升。無論是受到指責、面對不愉快的表情，還是被嘲笑，都先去訓練場展示自己，觀察他人的反應。最好的訓練場就像深海一樣，若一直待在類似的人聚集的淺水區，成長會很緩慢。

類似的例子還有企業家聚會、新創家同好會、像混合健身（CrossFit）那樣激烈的運動社團等。我親身體驗的結果是，這類型團體中成員的性格也非常多元，社交智商必須離開原本熟悉的地方，接觸新人和新事物才能快速成長。就像不斷解答難題，數學實力會突飛猛進一樣，遇到多種類型的人也會趨使社

交智商快速上升。如果一直只解決同樣的問題，就無法擴大看世界的視野。如果想快速培養社交智商，比起像寵物社團或投資聚會等反覆進行相似對話的社團，尋找性格和關注事物不同的人所聚集的團體會更有利。

涉足看似與你的成功毫無關聯的領域，哪怕只是暫時的，也會有意想不到的幫助。不需要花費太多時間，我在話劇社不過只待了一年，現在想想，其實二個月左右就足夠了。八年後的今天，我仍然沒有放棄 ATRASAN 諮商師身分的理由也是如此。其實，我如果辭去諮商師工作，專心寫作可以賺更多，但我並不想放棄諮詢工作，因為那是可以讓我不斷進入深海探險的工作。在諮詢的過程中，會遇到名校出身的經營者、年薪超高的專業醫生、律師，也有資質聰穎卻還沒遇到機會發揮的人等各種類型。在這過程中我不斷鍛鍊社交智商，透過交流成長，讓我在初次見面的人面前很容易獲得好感，也讓我的舞臺更寬廣。

我還學到一件事，在那段投入戲劇的過程中，我學會了隨心所欲表達情緒的方法，如果要我流淚，只要十五秒就夠了。

這是非常有用的武器，雖然有人可能會批評說：「那是欺騙人的行為。」但我沒有要你「編造虛假的情緒」，高興時你可以表現得更高興，傷心時更悲傷，這樣可以使人們更清楚地

認識你。

　　《權力的四十八條法則 The 48 Laws of Power》一書的作者羅伯特‧格林（Robert Greene）主張，為了獲得權力，應該隱藏自己的情緒，是嗎？只有一半的人同意他的主張。我認為他的說明有些不足，更詳細地說，情緒應該要隱藏一段時間，然後在最後關鍵時刻「戲劇化」地爆發出來。

　　在合理的情況下可以把情緒多醞釀一下，對人際關係會有很大的幫助。如果有人傷害我的追隨者，我會比對方傷害我還生氣。雖然的確很生氣，但更想強調的是重視追隨者這一點。追隨者看到了會感覺「他竟然為了我發那麼大的脾氣」而受到感動。某位著名的體育教練為了整頓選手們的紀律，非常擅長「假裝生氣」，我把這種方法稱為「情感牌」，是隨時隨地都可以拿出來使用的籌碼。

　　但請不要誤會，這與用假演技欺騙對方完全不同。如果是刻意表現出來的情緒，那麼對方實際感受到的深度就會不一樣。我的第二本電子書售價高達七千元，但一上市就超越第一本作品的銷售額，職員們突如其來地給我驚喜祝賀，讓我流下感動的眼淚。那不是強擠出來的淚水，是平常一再練習如何陷入情緒的成果，讓我自然而然地流下了眼淚。當下眾人有點驚慌失措，但應該能真實地感受到我有多麼感動，這對他們來說也是一件值得高興的事情。

自我開發相關書籍都強調「隱藏情緒的能力」的重要性，在某種程度上我也同意。在談判或交易中，有時我不得不隱藏一些情緒。但相對地，必然也會有需要積極表達情緒的時候，惡人有時也要懂得流淚。偶爾流下真誠的眼淚，無意中可以化解很多事。現在你口袋裡有多少張「情感牌」呢？

實踐

立刻	一週	一個月	三個月

　　身處在和你做的工作毫無關係的地方，只要一個月就足夠了。也許，潛在的社交智商不僅會爆發，還會發現自己從未想像過的可能性。

實踐筆記

■ 讓無禮的競爭者微笑下跪的方法

　　不能因為是危險人物就一昧躲避或逃跑。提到惡人，你的腦中是否浮現無緣無故對人發怒、咆哮的畫面。前面也提到過，真正的惡人並不是無法自我控制的人。相反地，他們能夠徹底判斷氣氛，在正確的時機進行攻擊並掌握權威。真正的惡人不是盲目逃跑的膽小鬼，也不是隨便攻擊他人的暴君。

　　生活中誰都會遇到權威被侵犯的時候，無論多麼溫順的人，也不喜歡被認為好欺負，被人無視。但有時會遇到模棱兩可的情況，想要發火指責，好像還不到那種程度。但要你若無其事當作沒發生過，卻又不甘心。對這樣的「侵犯者」發火需要承擔風險，真的生氣的話反而很有可能會被認為是過度敏感的人。

　　這種時候我有個常用的策略，我稱為「名分理論」，分為三個階段。

　　第一階段：確實記錄正與負

第二階段：進入關鍵時刻

第三階段：列出對方的錯誤

一定要按照正確順序進行，接下來就一一說明。

第一階段：確實記錄正與負

記憶可能會扭曲，如果只記住自己想記的事，或者不管對方做出什麼行動，都有先入為主的偏見，那就會看不到真正的優點。如果一開始就不喜歡，那麼看到什麼都覺得討厭，因此所有事實都要用「文字」確實記錄。

前面提到過，所有的人際關係都是正與負累積的結果。養成詳細記錄對方行動和話語的習慣，或許有人會認為這種做法很不人性，但我經常透過這種方法改變「偏見」。

公司有個職員A，打從他進公司開始我就莫名地對他沒什麼好感，腦海中自然都只記得他犯過的失誤或不尋常的行為。就算是毫無意圖的行為，也會當作是他在挑戰我。但自從我開始每天確實記錄正負之後，才意識到對他的敵意源自於我的錯覺。他的行為對我事實上是正的比負的多，仔細檢視後甚至發現，某些負的行為都是因為我的偏見而定義的。明白了這些事實後，莫名的壓力也消失了。

累積正負的資料需要一個月左右，這段時間內創下的負值

將成為日後攻擊對方的「名分」。但如果太草率判斷，可能會遭到反攻，所以要有充分的時間觀察對方。

第二階段：進入關鍵時刻

忠實執行第一階段後，就能大致知道真正該攻擊的對象是誰，並有了攻擊的理由。究竟是單純取決於我的情緒而討厭對方，還是對方真的做錯了，這部分也能準確地掌握。如果確定了對象，就應該尋找決定性的攻擊時機。

時機通常會不經意出現，主要是在別人面前做出越界發言或行動的時候。這時不要猶豫，正確指出對方「你現在做出非常無禮的行為」。從經驗上來看，這個階段的攻擊，對方通常毫無防備。因為第一階段的沉澱讓對方完全沒有預料到有人會攻擊自己。需要注意的是，一旦進攻就要毫不留情，不能心軟，無須考量對方的心情，因為你已經有了充足「名分」。

第三階段：列出對方的錯誤

發出攻擊，對方當然也會反擊，會反問為什麼要為這麼瑣碎的事情發火，堅持不道歉，還不時表現出反感。這時候就可以列舉你在第一階段記錄的內容。

採用這種策略，或許會害怕被別人認為是「心胸狹窄的人」，但得到的會比失去多。如果即時指出對方所有錯誤，他

人或許會認為你是個很敏感的人。但如果對方犯了大錯也放任不管，就會被當成好欺負的人。面對這種模稜兩可情況的應對方法就是「名分理論」。必須在一瞬間引爆所有錯誤，讓對方受到衝擊。如果在他有一點負面行動時就攻擊，你反而會被認為是小心眼。按照順序從收集名分（第一階段）、抓準時機進行反擊（第二階段），如果對方反擊就把第一階段收集的名分一舉拋出（第三階段），按照順序非常重要。

在公司工作了五年後，我登上了相當重要的位置。我的年資和業務能力無人能及，員工們都認同我的權威。我負責從實習生到組長的全體員工培訓工作。

這時進來了一個新人，他不是經過正式招募來的，而是從別的公司挖角進來的。正因為這一點，我開始感受到他想挑戰我的權威。他一進公司就表現得像從外面請來的 CEO 一樣。事實上把他挖來是想培養成諮商師，算來是我的直屬後輩。但他卻像受到特殊待遇一樣，不參加全體員工教育訓練，毫無理由地晚交或甚至不交報告。終於讓我覺得不能放任，必須使用名分理論。當我開始逐一記錄他的作為時，我的分析筆記中沒有一項是正的，全都是負的。

就這樣過了三個禮拜，發生了一件事。在教育訓練結束後，大家聚在一起談話，他在眾人面前問我的資歷，我回答五年，他說：「工作了五年，那現在應該是『代理級』的程度吧？」

第二階段。直覺告訴我進攻時機到了。「代理」一詞並不會讓人心情不好，但從新進員工口中聽到對更早入職的人評價為「○○級」時，就意味著他對前輩毫不畏懼也不尊重。這顯然侵犯了我的權威，而且還是在所有員工面前。必須進攻。我立刻回擊：「是啊，而你是以『實習生』進來的。」瞬間周圍的空氣急速冷卻。但這段期間累積的名分很充分，其他員工都對他缺席教育訓練等事議論紛紛，沒有人覺得是我太敏感。

　　下班回到家的時候他傳來訊息，為自己今天似乎說錯話而道歉。第三階段，也就是我感覺到是時候說明我強烈對抗的理由了。我冷靜地告訴他之前沒有認真參與教育、在沒有任何合理的理由下遲交報告、在其他員工面前對我無禮的行為等。他接受了一切，並再次向我表達誠摯的歉意。我確實執行了第一到第三階段的名分理論，矯正了侵犯我權威的人。

　　如果是一般公司，即使不經過這些過程也可以對他的職涯發展造成威脅，畢竟我是他的直屬前輩，他是我帶領的新進人員。但當時我們公司是由少數菁英來營運，與僅憑資歷強壓他人的一般公司結構相去甚遠（我也不喜歡那種解決問題的方法）。再加上稍有不慎，我可能因此被貼上高敏感的標籤。正是在這樣的情況下，名分理論三階段可以有效利用。在對方和我的關係中，不確定誰占優勢時，這就會成為不流血又能保護自我權威的強力工具。

■ 實踐 ■

立刻	一週	一個月	三個月

　　在電腦上建立一個文件夾，養成記錄周圍人行為的習慣。不需記錄所有行動，只要記錄在工作中會影響你情緒的行為。剛開始會有強烈的反感，沒有人喜歡一舉一動都被觀察、記錄。但是換個角度，記錄人際關係的正負值練習反而會成為客觀理解他人的契機。記憶很可能被扭曲，沒有文字記錄，你就很難完整地記住別人。最後，提醒你務必要在文件夾設立密碼。

實踐筆記

_____

_____

_____

_____

■ 高社交智商的惡人的 8 個共同點

人生有諸多課題和挑戰，不僅僅是人際關係有很多變奏，該與什麼樣的人一起工作、避開什麼樣的人、如何利用周圍的好同事借力使力、如何向眾人展現自己……不斷思考和反覆實踐這一切的過程就是人生，而核心就是社交智商。

在過去八年，我諮詢了超過七千人，我的客戶有律師有醫生，也有經常在綜藝節目中露面的藝人。在八年的時間裡，我似乎見了所有一輩子至少有一面之緣的人，實實在在體驗了人類的各種社交智商。我比任何人都清楚認識到社交智商高的人是以怎樣的心態和思考方式對待他人的。

以這樣經驗為基礎，我列出具有高社交智商的惡人的八個共同點。只要好好跟著做，不管去哪裡，至少都不會挨罵或吃大虧。

第一、不透過攻擊他人來提高自尊感

看到比自己優秀或有超齡能力而備受關注的人，就會莫名

其妙地想找出對方的缺點，提升自己的自尊。那種人稱為失敗者，他們咬緊牙關找出拼寫錯誤或非常小的失誤，然後興奮地大聲宣揚。對於別人的發言總是率先反駁「真的是那樣嗎？」彷彿自己與他人的看法不同，得捍衛自己的主張一樣。當失敗者用這種方式來填補自尊時，成功的人卻把精力用在創造屬於自己的東西。層次越高，失敗者的比率就越小。因為成功的人不會去別人身上找問題，而是在自己身上探索，努力取得更大的成功。因此若想成功，就要隱藏對他人的指責或嫉妒。寫憤怒日記時，最終焦點不都是放在「自我反省」上嗎？

第二、不管何時都要正確區分敵我

人們有時會把我軍當作敵軍對待，所以出現奇妙的現象，對一向關照自己的我軍比對只知道名字的人更嚴格。例如原本不斷得到某人的支援，某天對方突然暫停支援，反而大怒：「為什麼不繼續幫助我了？」就像人家把你從水裡救上岸，你卻反問對方：「我的包包怎麼沒拿上來？」例如想要朋友幫忙安排相親，社交智商低的人只要對相親對象不滿意，就會牽怒朋友，「為什麼介紹那種人給我？」「實在是不怎麼樣。」這類的話。不論對方是否真的那麼差，但以居中介紹的朋友立場來看，自己的好意被抹殺，別說謝謝了，還招來一頓埋怨。那麼介紹人下一步會怎麼做？以後再也不會幫忙安排相親了。如果

到此為止也就算了，但社交智商低的朋友又會開始追問：「最近怎麼都不幫我介紹了？」最終，兩人的友誼也不保。社交智商高的人可以準確區分敵我，並且會在得到利益後給予回報。

第三、絕不以自我為中心

別人對你沒有想像中那麼關心，不要因此而不開心，這是理所當然的事。作為惡人，為了站在世界的中心而努力，與誤以為自己就是世界的中心是截然不同的。

這是很久以前發生的事。某次我把一本書的讀後感寫在個人部落格，結果有個很久以前經由某個朋友介紹認識，平常只是互相問候的男子突然傳訊息給我，寫道：「你現在是在攻擊我嗎？寫那篇文章是故意要給我看的是嗎？」我回覆時把以前寫的一篇《以自我為中心思考問題》的文章也傳給他。幾天後，他似乎意識到自己的錯誤，傳來道歉訊息。我心想還好沒繼續造成誤會，但偏偏當時我身體不舒服，沒有馬上回覆，沒想到他又生氣了，「你是故意無視我的訊息嗎？」對他來說，別人的想法和狀況根本不重要，他只注意到自己的道歉沒有回應。整個世界的中心就是他自己。

我毫不猶豫地切斷與他的所有聯繫方式，不再聯絡。如果覺得被某人傷害時，請先冷靜地回顧自己現在是否清醒、平靜，是否過於以自我為中心了。十次中有八、九次是錯覺的機

率很大。現在有人看了這篇文章或許會誤以為是在針對你，拜託請打起精神來。我為了寫這本書，半年多來把別人的想法都攔在一旁。我遇到過許多高薪、成功的人士，他們都有一個共同點，就是努力地以他人的角度來看世界，而非用自己的立場。與那些只相信自己，不去理解他人，獨自生活的人有很大的差異。

第四、如果某人無緣無故討厭自己，就幫他製造理由

這是什麼意思呢？就是「如果對方無緣無故挑起是非，一定要指出來，然後進行對抗。」常常有人會無緣無故找碴、耍賴、想操縱你。善良的人會想息事寧人，乾脆先道歉或裝作若無其事，但越是這樣，對方就會越看不起你，加倍欺壓。他們連自己做錯事的概念都沒有，這時應該威脅道：「我也會強烈反擊！」害怕會被更激烈反攻嗎？反正你什麼都不做也會受害，還不如放手一搏，大喊「閉嘴！」這才是讓對方閉嘴的有效方法。正如前面所說，孝道有兩種方法。這世上也有兩種父母，一種是當子女做出錯誤的行為，就會當場訓斥，嚴厲指責；另一種則不管子女有多大的錯誤，連一根汗毛都不會動，就這樣掩蓋過去。

人際關係也是如此。如果看到對方越界的行為卻置之不理，總有一天你會付出代價。所以當下就必須指出他的錯誤，

不要害怕。提升社交智商並不代表只能迎合別人臉色。我遇到的成功人士平時都很溫文儒雅，好像沒有脾氣一樣，但都有自己的底限，對於超越自己底限的事，連零點一秒的遲疑都沒有，立刻反擊，因為他們知道這是避免事態進一步擴大的最佳途徑。

第五、對背後議論要高度警惕

和別人一起辱罵某人、在背後說某人壞話、一同貶低他人的行為，對你的人生沒有任何幫助。背後議論別人你會得到什麼？只是一種和別人一起罵比我優秀的人的自我安慰罷了。不要參與他們的背後議論，這種時間用來投入在自我發展更有意義，多看一頁書，多聽一場演講。人類是社會性的動物，所以對特定的人與事議論的交流非常吸引人。

但是那種吸引力只是一瞬間，不要像好事者一樣，把人生浪費在沒有意義的話題上。不要參與他人無謂的行動，這種捲入非議他人的現象，用不好聽的話來形容就是「受制於集體壓力」，因此你必須有意識地抵抗，堅決「不要浪費時間在對人生沒有任何幫助的事情上！」你可以專注於人生中其他重要的事。腦子裡要時時警惕「注意集體壓力！」

我有個客戶是位成功人士，我從來沒有見過他指責或貶低別人。他根本沒有時間浪費在這種毫無意義的對話上，因為他

會在意自己所說的話萬一不慎成為火花，可能會把長久以來辛苦累積的資產全都燒毀。

第六、不要對正確的指責發怒，而是感謝

只聽你想聽的話，你的人生會一點都沒有進步。偶爾會聽到前來尋求諮詢的人這麼說：「諮詢時可以請你不要說不好聽的話嗎？說點積極正面的話吧。」「請告訴我會變好的。」「我知道我做錯了，但是那個人實在太討厭。拜託不要再指責我了。」「諮商師也是男人，應該要站在我這邊吧？」一個月平均九十次諮詢中，大概會遇到二、三次這種狀況。這是什麼狀況？當專家客觀指出自己問題時，為什麼要關起耳朵閉上眼睛？聽聽別人的意見吧。如果無法用自己的邏輯進行反駁，就接受那個人的指責，作為推進成長的燃料。如果是真正有幫助的指責，反而還要感謝那個人。

在第一本電子書取得成功之前，我寫了三次，都是交出去後被退回。並非所有瞬間都是幸福的，但我儘量接受別人的意見，正確的指責是發展的基礎。終於在第四次被接受了，電子書才得以問世，並大獲成功。感謝他人給予良性的指責並不是一件容易的事，因為等於是過去所做的一切努力都被否定。如果你的心還不夠強大，內心無法百分之百承認，就先用言語和行動來表達。行動會改變心意，人不是因為幸福而笑，而是因

為笑了而幸福。在前來諮詢的人當中自尊心特別高的人無一例外都欣然接受了我的指責。雖然不知道他們的內心是怎麼想的，但至少在那一瞬間都爽快承認了自己的錯誤，並真心感謝我提供的建議。

第七、關係有問題時不責怪別人

在諮詢的過程中，經常會遇到「絕交成癮」的人。絕交的對象有從小到大的老朋友、大學同學、公司後輩等。他們好像以絕交經歷自豪，還會列出理由，辯解說那種朋友還是早點斷絕關係比較好。如果是客觀的判斷固然好，但仔細觀察，大部分都是主觀的斷絕。應該先看看是不是自己的問題，大部分人都無法得知真正的原因。對方充分給予善意和親切卻不滿足，因為無謂的自尊或瑣碎的事起爭執，也難怪動不動就絕交。

第八、對不懂感激的人堅決停止支援

也有相反的情況，你是善意的，懂得幫助他人，給予幫助和支援。但是有時候對方反而不知道感謝，或是接受你的幫助，待你有需要時卻置之不理。這種時候你就應該立即中斷支援，讓對方自己想一下為什麼會這樣。只要有一點共鳴能力的人，就會主動來找你、向你道歉。那時再把問題攤開來說，然後握手言和。

人都會犯錯。前面所說的狀況雖然很尷尬，但也是我在二十出頭時所遭遇的事。在看這八項共同點時，是否想起了羞愧的過去？很痛苦嗎？別太自責了，如果感到痛苦，那就證明你是具備基本成長條件的聰明人。沒有成長可能性的人根本不知道自己的問題在哪裡。從承認自己有問題的那一刻起，我們就已經朝向成長邁進了。

成為有限時間的主宰者

惡人的武器④　壓倒性的生產效率

■ 二十四小時最初分配就是不平等的

「請珍惜時間」、「請好好利用寶貴的時間」等建議都是垃圾。這些忠告都是把時間平均分給每個人，「每個人都有一樣的時間，這二十四小時過得多充實，人生就有多成功。」但我不同意。

時間根本就不平等。我大學時期有兩個朋友，一個朋友每月可以從父母那裡拿到五萬元的零用錢，這對大學生來說可是一大筆錢。因此他不用擔心經濟問題，參加自己想參加的社團，別人打工時他可以讀書或運動，做自己想做的事。因為比別人花更多時間學習，所以成績好也是必然的。另一個朋友則必須自己賺學費，他接了許多家教，每週有兩天必須在地鐵裡往返四個小時，回到家只能減少睡眠念書。這兩個人的時間平等嗎？

含著金湯匙出生的人可以節省投入勞動的時間，投資自己，但對於那些需要自己賺學費的人來說，根本沒有閒暇時

間。時間的不平等也會影響意志力。因為接家教必須往返四個小時的車程，每週都要消耗巨大的體力來賺錢，就算有超人的意志，減少睡眠時間學習也是有限的。即使在四個小時地鐵車程中看書，學習效率勢必也不會太好。

那位朋友終於領悟到時間不平等，也就是這個世界本來就是不平等的。許多自我開發書籍以「時間管理」的名義傳授經驗。在地鐵上也要打開筆記本！少睡點覺，早上提早半小時起床看書！這些建議真的合理嗎？有實現的可能嗎？這些和「消耗意志力，折磨自己」沒什麼兩樣。意志力總有一天會耗盡，這種方法並不能支配時間。

在 YouTube 上也有很多具有超人意志力的人們的成功故事，他們在不幸的環境中瘋狂努力取得成功，感覺很勵志。很多人模仿他們，參加各種挑戰，制定宏偉的目標。但遺憾的是，大多數人在意識到自己與生俱來的意志力沒那麼高之後，就會回到原來的狀態。

雖然很殘酷，但我還是要說，有研究結果顯示，意志力也是遺傳的。我在高三時從直屬學長那裡收到祕密學習計畫表和筆記。學長說，在每天九節課之間，只要有十分鐘的休息時間，就會戴上耳塞到廁所，整整一年都利用那段時間做數學題。這樣每天就比別人多了一個小時，這有多少好處啊！於是我也有樣學樣，但兩週後便放棄了，俗諺說山雀要是跟著鸛

走，兩隻細小的腳可是會叉開的。附帶一提，那位學長在二十出頭時就通過了公務員行政考試。

　　天生意志力強的人很難理解這個苦惱。但如果你是「三天打魚兩天晒網」型的人，那就會面臨無數次與我相似的苦惱：「如何支配有限的時間？」惡人必須比別人領先一步，要花大量時間發展自己，但如果是在每週工作七十小時的公司上班呢？惡人並不是無知地啃噬自己成長的人，真正的惡人應該成為擁有既定資源，又能考慮最大生產效率的人。下一章就來談談我如何在有限的時間內逆轉，保持壓倒性的生產力。

老老實實過日子，
只會老老實實地累下去

　　人的意志力是有限的，每個人每天早上都會被賦予「十分」的意志力，一整天下來逐漸消耗，最後到了晚上就會歸零，這就是戒菸和減肥無法同時成功的原因，因為有兩個地方都必須消耗意志力。主張無條件誠實才是成功祕訣的人，是因為不知道人的意志力會在不知不覺中逐漸減少。

　　希望看到這篇文章的題目不要氣到對我扔石頭，我由衷尊敬那些為自己人生付出努力的人，只是期待他們能更有效率地發展。但我看到準備在人生中不惜一切努力的人，因為沒有策略而彷徨的樣子我會感到生氣。他們明明有充分的才能可以開花結果，意志卻無止境挫敗，實在令人惋惜。

　　現在來看看解決辦法吧！首先，我們把時間分為三大類：

一、獲得資源的時間（賺錢、維持生計的時間）。
二、成長時間（上課、學習技術、讀書、運動的時間）。
三、休息時間（睡覺、見朋友、進行興趣活動的時間）。

我們要儘量提高第二類時間的比重，人們最常用的方法是減少第一和第三類時間，尤其是休息時間。以前考生們傳說睡四個小時就能通過入學考試，睡五個小時就會落榜。其實跟挖東牆補西牆的意思差不多，休息時間是讓我們恢復意志力的，如果減少了，只會讓身心更疲憊，反而要用更多時間來補。

　　我相信賦予意義的力量。這句話聽起來可能不知所云，準確一點表達，就是我相信「過度賦予意義」的力量。從現在開始，為自己的工作賦予意義。用寫小說來進行成功的訓練，這是在心理學上已得到廣泛認同的方法。有一個實驗是把從事體力勞動的人聚集在一起，把他們分成兩組，做同樣的勞動工作，第一組一如往常，第二組則被告知：「你做的勞動有運動效果，對增進健康有很大的幫助。」一段時間過後，發現第二組勞動者變得更健康了，他們精神煥發，自信感提升，比以前更積極勞動，熱量消耗也增加。明明兩組人都做了同樣分量的勞動。

　　我們必須對日常活動賦予特別的意義，這不是單純的自我催眠。舉個例子吧，每次打掃時，就告訴自己這同時在運動身體，打掃就成了一件有意義的事。又例如看電影或電視劇，除了娛樂之外多少也在學習導演技巧或人的心理。再看看「安慰劑效應」，即使是沒有任何效果的藥，只要病患相信或預期有

效，服用之後症狀也會獲得緩解。即使是自我催眠，如果相信它會變強，實際上也會真的改變身體和心靈。

我在減肥的時候就積極運用這個方法。當時開會、諮詢，常常一天下來根本沒有時間運動。於是我在進行諮詢的一個小時中，心裡想著：「現在這樣充滿熱情的說話，我的身體也會消耗很多卡路里。」剛開始有些不自然，但效果很快就顯現出來。再加上開始有這個想法後，為了多消耗一點，我在會議中也更熱情參與，更努力動腦思考。一個月後，我連健身房也沒去就減了六公斤。

當時我每個月負責九十多件諮詢案例，每次結束諮詢後，我都會親自寄電子郵件給客戶（一種提供售後服務的概念），客戶有問題就用心寫上回覆後再寄出。這個過程如果只是單純當作處理工作，就不會有任何效益。我開始對所有工作都賦予意義。每次進行諮詢時，都覺得透過這次諮詢我獲得比以前更有邏輯的說話技巧。在寫郵件時，相信今天稍早收到的三封郵件會讓我的寫作能力更純熟。用「結果」來證明自己賦予的「意義」，促使我不斷努力。每當有新的想法就記下來，順便寫一篇文章。寫作能力穩步發展，良性循環不斷運轉。

順道一提，我在大學時期除了上課之外沒有任何打工經驗，就用父母給的零用錢過日子，金額並不多，比朋友們的平均零用錢還少五千元左右。儘管如此，我還是沒有去打工賺取

更多錢的想法，不是沒有工作機會，但為什麼不去呢？

　　前面提到時間分為三種，獲得資源的時間、成長時間、休息時間。我認為應該把時間集中到這三種時間交集的事物上。我的第一次兼職是家教，因為我沒有大學正式學歷，要找到時薪高的家教根本是不可能的事，取而代之的是以相對較低的價格收了四個學生，上的是英語課外輔導。之所以特別強調課外輔導，是因為課外輔導是獲得資源的時間和成長時間的交集。在教導學生的過程中，我同時也在學習各種知識，並進一步磨練英語實力，運用大腦思考如何讓學生輕鬆理解、如何讓上課變得有趣。這些在某種程度上也奠定了我日後成為諮商師的基礎。同時憑著當時獲得的金錢，不久後我還成功擺脫父母的干涉。

　　在此再次強調，自由不是免費的，要想脫離父母，必須做好用自己的力量謀生的最基本準備。一邊從父母那裡拿零用錢，一邊高喊「不要干涉我」，這不過是高中生水準的要賴。如果決定成為惡人，就應該儘早擺脫那種程度。不過我所提的建議可能會有衝突，如果「想從父母那裡獨立出來，不管什麼事都要做」與「同時兼顧賺錢及有意義的工作」兩者發生衝突，那我會建議優先考慮前者。

　　下面是一位將賦予意義的力量運用到自己生活中的諮詢客戶寫給我的信。

　　諮商師，您身體還好吧？我的人生發生了許多變化。多虧

了您的諮詢建議，告訴我「在咖啡廳打工，是提高社交智商的練習」，讓我的工作變得不一樣，讓我思考如何把原本無趣的待客方式，變成更親切的體驗。同時也想到未來在從事其他服務業時可以如何運用。

以前遇到無禮的客人時，下班回家都會覺得這一天很不幸，但現在會想「當時該怎麼應對比較好？」雖然還很遙遠，但是一想到以後我可能也可以開間咖啡廳，就會去觀察咖啡廳的裝修和布置，開始留意到過去不曾注意的部分。看著其他總是工作無力的同事，我在心裡下定決心：「我要改變。」

因為變得更積極工作，店長給我的評價也越來越好。還有雖然只有一點點，但我加薪了。諮商師說過人生的學習不是只能在課堂上吧？以前我只覺得在咖啡廳上班是浪費時間，時薪才一兩百元，不知道能做到什麼時候……各種負面雜念像枷鎖一樣抓住我。

但是現在我有了新的夢想，總有一天我要在濟州島開一家很棒的咖啡廳，如果沒有任何經驗就開咖啡廳一定很容易失敗。但是現在的我一邊賺錢，一邊累積經驗，提前進行實戰學習，實在是太幸運了。真心感謝您告訴我如何尋找意義，現在每一天都是充滿改變的一天。

立刻	一週	一個月	三個月

　　觀察你的一天，檢查什麼地方最浪費時間，並記錄下來。然後每個行為都要貼上「賦予意義的貼紙」。一定要寫下來、看得到。例如在公司整理無聊的 Excel 文件是「培養忍耐無聊工作的意志力訓練」，步行到辦公室的時間就是「輕微的有氧運動」。重點是賦予「過度」的意義。

實踐筆記

■ 卑劣的讀書法，令人意外的是，我從未「翻過書頁」

在一次節目中，主持人提出這樣的問題：「領導人應該具備最重要的條件是什麼？」答案是什麼呢？就是「知識量」，即使擁有再強的領導力，具備再高的社交智商，如果缺乏知識，也不會成功。惡人永遠都要擁有比追隨自己的人更多的知識，才能做出明智的決策。

因此讀書是必須的。你可能已經聽膩了讀書的重要性，聽到耳朵都長繭了。近來有人討論到，讀書其實是一種陳腐的學習工具。有人這麼說：「現在有提供綜合資訊的 YouTube，也有各種社群媒體提供資訊，為什麼還要花時間讀書？」儘管現在讀書面臨種種不利之處，但我仍確信讀書是累積知識最好的方法。YouTube 上有很多根據訂閱者程度，簡單概括傳達困難資訊的內容。初看到時會覺得自己很輕鬆就變得博學多聞，但經常看的話，會在不知不覺間避開艱難而生硬的主題，只點擊想看或有興趣的內容，卻仍誤以為是在學習。你也會這樣嗎？在看 YouTube 時會同時做別的事，最後乾脆關掉視窗，打開

Netflix 看影集。所以要取得智慧，我認為必須回到書本上。

惡人不管何時在何處都要很有自信，要想做到這一點，就必須比別人了解更多，更有智慧。自我催眠雖然很重要，但是知識量夠多的話，無論在什麼處境下都會充滿自信。讀過的書越多，就越明白什麼是真正的自信，而不是打腫臉充胖子的假自信。

但是，前面提到人的意志力有限，阻礙了我們的發展。如果能像考生一樣每天只專心讀八個小時的書就好了，但總有一天你的不屈意志力也會減弱。而且，任何人都會經歷「強制休讀期」，會有一段時間不想翻開書，然後可能在某個演講中聽到讀書的重要性，又再翻開書本，認真閱讀一段時間，接著又來到休讀期。原本應該支配有限的時間，但時間卻被限制住了。但即便如此，不讀書就無法成長，我們應該怎麼做呢？

我在公司裡的讀書量排名第一，但說出來或許你不相信，過去二年裡，我從未真正坐在座位上看書。這要多虧了我自己的「卑劣讀書法」，有了這個方法後，我可以很自豪地說，我的閱讀量在韓國可以高居前百分之一。

首先要正確認識不讀書的理由是什麼，百分之九十九的人患有「應該完全讀完這本書」的強迫症。一翻開書，就從相對不太重要的推薦文開始，到毫無意義的感謝文也仔細閱讀，甚至到最後充滿各種數字或用語說明的注釋版面也不放過。如果

一直接觸完全難以理解的部分，就會陷入自己「是否缺乏閱讀能力」的自責之中。意志力迅速消退，讀書成為可怕的苦差事。

書不必全部看完，而且絕對不要那樣做。人生是一場競爭，同樣年齡的人不等於都在同一個級別。隨著級別的改變，肉眼看不見的人生排名隨時都會發生變化。讀書是為人生升級而累積經驗值的過程。韓國人的平均讀書量一個月還不到一本，沒有人能自信地說自己已經完全理解讀過的書。而你只要比這些人領先一步，就能輕鬆站上高一級。人們把事業分成紅海和藍海，我認為「讀書」是「超藍海」。

不要把書當作「一本」看待，而是用數百種洞察力組合在一起的「一大塊」來看待。拿起書的你要擔起收集洞察力碎片的工作，透過想法的轉換就能解決很多問題。先從「要讀完整本書」的強迫症中解放，你可以「摘錄」閱讀自己現在需要的核心智慧，把那些沒用的句子想成是「無用的碎片」，就跳過吧。沒有必要再理解只有學者們使用的專門名詞，和那些數字覆蓋的統計資料。那些專業用語和統計資料，很多時候都只是為了傳達一個核心訊息「累積」（Build up），我們只要把結果抓出來就好。透過澈底以自我為目標的讀書方式，在競爭中獲勝。

如果發現手上的書太難，就應該馬上換成類似領域但較簡

單的書。對你來說難的書在別人眼裡也不易懂，所以你不必固執地硬要看完。如果連書的核心都沒弄清楚，只是抱著「看」完一本書的虛榮滿足感，那麼當有人問起時，你只能吞吞吐吐不知所云，所以看不懂就坦白承認吧，沒什麼好丟臉的。

我最近開始閱讀有關心理學家榮格的書，當然序言和有關背景與歷史說明的內容我都跳過。但是讀著讀著，我還是無法理解意思，再堅持了五分鐘後，便毫不猶豫地闔上書，另外購買了內容相似但看起來更容易讀的書。翻開較簡單的那本，看著看著腦海浮現之前覺得困難的榮格著作，在了解大略的概念後，我又回頭翻開那本難懂的書。

也許你會想：「這樣看書，萬一錯過重要部分該怎麼辦？不就太可惜了？」別擔心，慢慢增加書籍量之後，你一定會有在其他書上看到類似句子的新奇體驗。相信我，到時候再仔細了解就行了。我們不是獨自賽跑，而是與「哼哼唧唧勉強讀書」的百分之九十九的人競爭。

堅持在一週內把整本書讀完，然後休息個二、三個月的人，與只讀感興趣及核心部分內容，卻堅持三個月的人相比，長期下來誰的閱讀量會比較多？結果不言可喻。嗯，應該有人從剛才就想提問了，「你從剛才就一直老王賣瓜，我可是連目錄都會仔細閱讀的人，這一章的主題是你『沒翻開書』嗎？怎麼回事？」

對，我過去兩年讀了約一百二十多本書，但從未翻過書頁，具體來說我沒「翻過紙書」，因為我都是看電子書。

有些人會說電子書無法專注、感覺沒有讀進腦中、沒有自我開發的感覺……這些意見我都尊重，但是電子書帶來的好處遠遠大於損失。有一種心理學概念是說，若想習慣某件困難的事，就要把它與現有的習慣連接起來。世界上最難戒的是什麼？酒？菸？不，是手機。我把無時無刻看手機的習慣強加於閱讀電子書的行為上，如此一來就有了大量的時間，可以隨時隨地看書。通勤路上從包包裡拿出的不再是厚厚的紙本書，現在只要看手機就行。話說我在玩電玩遊戲時，也會在等得加載的時間用手機看電子書，不管怎麼樣能多讀一行都是有利的。

大家都用手機看 YouTube 或維基百科，那為什麼不能看電子書呢？這是偏見。即使看電子書的讀書效率只有紙本書的百分之七十，但還是很容易沉迷進入。經常接觸書籍，在整體閱讀量方面勝過競爭者的機率就比較高。目前電子書系統已經進步很多，可以在想記住的句子直接劃線，也可以隨時轉換成有聲讀物，雖然是機械音，但還算自然。只讀自己想讀的部分，讀完後直接進入自己的讀書筆記，就會發現劃線的部分已經整理好了。在一天結束之際，把這些內容轉寫到個人部落格上，只要稍微整理一下，就是屬於我的知識。

天生的意志力強大，在讀書時從沒感到困難的人也許不會

認同我的策略，但對於在咖啡廳下決心打開書，不到十分鐘就起身的人來說，這種卑劣的讀書方法可以成為強大的武器。而且就算是內容很難的書，也可以先嘗試一下。如果有一本看起來很難的紙本書，恐怕你在翻頁之前就已經感到壓力了，但是若是看電子書，只要在手機或閱讀器上「點擊」就可以查看大綱內容，具有可以先試讀的優點。

　　一點一點累積起來，有限的時間就會為你留下。上下班通勤時間、睡覺前的時間、休假時間等，所有時間都逐漸轉換成你的「閱讀時間」，隨著卷數的增加，閱讀會變成一件愉快的事，而且速度會變快。我在參加討論或會議時，總是充滿自信地以「惡人模式」說出我的看法，當然，我說的不一定都是正確答案，但至少我讀的書比別人多，光憑這一點我就能自信地表達。讀書可以修正思考，增加在判斷時需要的資訊量。甚至連「我說的不一定都是正確答案」這謙虛的陳述也是在書上學的，準確地說，是在電子書裡學的。

■ 實踐 ■

立刻	一週	一個月	三個月

現在就去三家有名的書店找找想看的書。選擇的理由可以有很多種，因為是感興趣的主題、因為封面漂亮……什麼都無所謂。不需要一開始就挑戰太難的書。如果挑選好喜歡的書，不要在書店直接買下，上網訂購電子書吧！怎麼樣都看不下去？先看看目錄，直接移動到看起來最有趣的章節，只讀想讀的部分。沒什麼意思？那就把書蓋上，看看別的書吧。如果購買有困難，也可以用借的，查一下家附近的圖書館在哪裡。這世界上的書數不勝數，選擇權不在書，在於你。

實踐筆記

■ 隨時「備份」靈感，
成功完成大型專案的方法

　　公司的人很吃驚，因為孫秀賢寫出史無前例售價 7000 元的超高價電子書。公司的人再次感到驚訝，因為電子書的銷售額超過了至今為止公司出版的所有電子書的初期銷售總合。公司的人第三度感到驚訝，因為不到六個月，他的第二本電子書就問世了。公司的人第四度被驚嚇，寫第二本電子書的時候，聽說孫秀賢一天都沒有休息過。讀到這裡就能大致了解作者的性格，這種程度的自賣自誇應該可以解釋為：

　　「呦，好，你真厲害。」

　　「不是顯而易見的內容。」

　　「非常具體。」

　　「具有實質性的幫助。」

　　好評如潮的回饋接連不斷。怎麼會發生這種事呢？原理其實很簡單，首先，「卑劣的讀書方法」幫了大忙。作家們寫文章的時間沒有想像中那麼多，相較之下會花費更多時間來構思寫的內容。我每天都會增加幾個想寫的主題，先用卑劣的讀書

方法讀電子書，在腦海中思考「把這本書涉及的主題連結到戀愛領域怎麼樣呢？」在看書的過程中，我的腦海中同時累積新的文字感。對我來說，讀書就是寫作的一個過程。因此，我寫任何文章時，讀書所需的時間比實際寫作時間要長得多。

換句話說，在短期內寫作並取得讀者的好評取決於自己的想法有多快、累積了多少。我認為生產內容也是同樣的道理，最終還是取決於創意之爭。而且在這個創意鬥爭中，還有一個絕對不會失敗的關鍵方法。

我決定把所有時間都變成獲得靈感的時間，那麼在寫作時，就一刻也不會被阻擋！

這算什麼沒有內涵的建議啊？我們公司的人都知道，我有一個獨有的固執習慣，就是和人們交談時會突然大喊「等一下！」然後不管別人剛才說什麼，迅速打開手機，把想法記錄下來。無論何時只要有靈感，我就會立刻「備份」。在寫作期間，手機備忘錄裡累積了數百個關鍵詞，這些成為創意源泉的關鍵詞累積到一定數量後，我會把它們整理成一個體系，再正式開始寫作。

關鍵詞不必整理得太完美，就算在別人眼裡像外星語，你也百分之百認得出來。順便一提，裡頭最頂端的關鍵詞是「備份」（back-up）。記錄關鍵詞時最重要的是一有靈感就先「接收」記錄，不用顧慮文法正確與否。假設我第一次想到敘述這

個部分的創意時，試圖在手機上記錄「讀電子書或與人對話時，如果想到創意就立即記下來」，這樣字數太多了。而且那麼長的內容我可能寫到一半就忘了主題是什麼。更何況連這種記錄都要求完美，總有一天會倦怠，「哎，不管了，反正只是毫無用處的想法」可能就這樣錯過最佳靈感。我想強調，無論如何都要抓住創意出現的瞬間。

這個簡單的道理，幾年前我就向公司的人推廣，但好像沒有幾個人實踐。如果不養成習慣，就很難實行。相反地，只要在身上「安裝」一次，就能成為壓倒百分之九十九競爭者的巨大武器（電子書的接連成功，我漸漸看到有人開始模仿這種方法了）。

這就是我連續成功完成大型專案最重要的「二十四小時創意儲存法」，所有新穎的想法都是突然冒出的靈感，但有百分之九十的人連靈感浮現都未察覺就讓它揮發了。這裡還有個陷阱，在寶貴的靈感消失之前一定要「備份」。你在某個地方保存的紀錄總有一天會幫你節省驚人的時間和精力，當你因此完成某個大專案時，就會感到驚奇。

實踐

立刻	一週	一個月	三個月

從現在開始，走在路上，看到吸引目光的美麗咖啡廳時，請拍照留存，未來可以成為裝修的靈感。看到印象深刻的廣告文案也拍照，這是寫稿的靈感。獲得靈感的最佳途徑是閱讀，但是好的靈感不一定來自書。我在第四章中提到，在惡人腦海中的「文句收藏家」一旦開始活動，就可以從各個地方獲得靈感。

偷走你心的句子，吸引你視線的風景，衝擊你腦海的某種東西，二十四小時隨時留下記錄，這就是給自己的訊息。每個人備份的方法都不一樣，建立符合條件的最適當保管方式，每當一天結束的時刻，若嫌麻煩一週一次也行，打開保管箱，記錄在你的專屬空間裡。筆記本也好，部落格也好。閃動的創意會在你的腦海中大放異彩。

實踐筆記

■ 説什麼「工作與生活平衡」啊？

　　人們既希望工作和生活平衡，又希望能成功，說穿了是做白日夢，追求工作與生活平衡的人生態度才是成功最大的敵人。成功的企業家們這樣說：

　　「我是一邊享受工作一邊生活，從來不覺得痛苦。」

　　「生活中不能只有工作，工作和休息的均衡很重要。」

　　「最重要的是人生，晚上能有悠閒的時間才是生活！」

　　他們犯了一個大錯誤，認為其他人都和自己一樣，休息以外的時間都在拚命工作。沒想到聽到強調工作和休息均衡這種話的人，會把焦點放在「休息」而非「工作」上。

　　和我一起工作了八年的「蝙蝠」曾在自己的部落格上寫道：「雖然工作很重要，但也要會玩會享受才算成功。」他說只有大腦充分休息，才能想出好的創意。聽到這樣的話，有些人可能會想：「果然均衡很重要，我現在也要休息一下。」看看之前沒看的電影，或者找朋友喝酒。但我有話要說。

　　我和蝙蝠在允許大腦休息之前都像賽馬瘋狂般工作。以前

和他一起創立公司時，我們除了睡覺時間以外，每天坐在電腦前工作十四個小時以上，持續了足足三週的時間。「工作與生活平衡」？我們一點興趣也沒有，只專注在高速飛馳達到目標。除了吃飯、上廁所、抽一支菸的時間外，其他時間都坐在桌子前寫文章。沒有把自己百分之百的力量投入就想成功，用一句話解釋就是「奢望」，是天方夜譚。

也許有人會反問：「那樣勉強工作，最後一定會倒下來，那樣反而更吃虧吧？還不如以適當的心力工作，才能長久堅持。不是更好嗎？」但我認為人生至少要有一次賭上所有的經驗。在我的人生中，那樣全力奔跑的經歷共有四次，第一次是為了進入現在的公司而努力了二年；第二次是專注於撰寫第一本電子書《戀愛的自由》那半年；第三次是寫第二部作品《選擇的男人》，又是半年的時間；第四次就是寫這本書的現在。

你什麼時候賭上一切飛奔過？如果在生活中至少經歷過一次全力奔馳，對成功的意志力就會急劇上升。以這時的衝勁為基礎，對更大的專案也會有勇於挑戰的基礎體力。沉醉在「工作與生活平衡」的幻想中，沒有經歷過極限奔馳的人，與時時刻刻都傾注自己的一切挑戰極限的人必然會有極大的差距。

在進入 ATRASAN 公司前二年，我為了鍛鍊最起碼的基礎體力，早、中、晚各跑四十分鐘。膝蓋當然都磨損了，我還記得很清楚，當時我以每小時七公里的速度跑四十分鐘，就能跑

四‧五公里左右。一天重複三次，當時真是無知，導致現在膝蓋狀態不好，除了游泳，其他運動都做不了。我不是要推薦這種方法，但我想說的是，沉睡在你心中的惡人就是以這種「魯莽的毒氣」為養分，迅速成長。希望你學習的不是我過去無知的「行動」，而是當時的「心」。

丟掉輕輕鬆鬆就能成功的錯覺吧，我總是抱著上戰場的心態去公司上班，下班回到家稱體重平均一天會減少一‧二公斤。這種行動會讓別人尊敬你，加入競爭吧，瘋狂地工作，做到精疲力竭，然後熱情地稱讚自己「我真的很努力」。我知道這是老頑固的建議，如果有人可以不像我這樣努力，在工作和生活之間取得平衡而且擁有成功的人生，希望你盡快寫下你的故事寄給出版社，拯救廣大的人們。但說句真心話，如果你不是那樣的人，成功的方法只有燃燒努力正面進攻。

啊，還有從剛才就帶著氣憤的表情瞪著我的人。「如果總是過著這樣競爭的生活，將無法獲得幸福。真正的幸福可以在心靈平靜中找到。像陀螺一樣轉個不停，成為資本主義社會奴隸的生活值得驕傲嗎？」你們的心情我都了解，但我想告訴你：「很抱歉，惡人的幸福是從競爭中感受到的，在遙遠的將來，當擊敗競爭者並實現自己的夢想之際，就會產生可以消除所有不幸的巨大幸福感。就如同你們的幸福很重要，也請尊重惡人們的幸福標準。」

■ 如果你停止「為工作而工作」

　　必須在明天之前向客戶提交重要報告書，但還有一大堆工作，擔心疏漏不停打開郵件匣確認新郵件，直到一天結束，加班到凌晨。

　　我對為工作而工作的定義如下：「將真正重要的事推到後面，為了自保而盡做些瑣碎的事。」

　　假設有個目標叫「從本質改革公司」，雖然抽象但是絕對不能馬馬虎虎地完成，是非常重要的任務。在這個任務中，核心課題是提出具有魅力的「公司口號」，調查顧客對公司的看法，透過過去的數據找出公司內部需要建構的新企業文化。雖然枯燥乏味、費時費力，但都是無法輕忽的核心工作。

　　但是，面對這樣重要的工作，通常會把需要費很多心思的事情先拋在腦後，從「可以立即創造顯而易見結果」的工作開始。現在無法立即取得成果的顧客滿意度調查、企業文化形成等抽象的事被無限期延遲，而網站設計修改、部落格主頁修改等相對不重要的工作上反而投入了許多時間和精力。這就是

「為了工作而工作」。在我們的人生中，類似的狀況會無限反覆重演。

明知道眼前有重要課題，如果不馬上解決會面臨大災難，但是又害怕馬上投入核心。由於恐懼，反而什麼都做不了，讓人又急又慚愧。就在這時，「為了工作而工作」的開關就會打開。突然幹勁湧上，精神一振，陷入今天一天過得很充實的錯覺！就像我應該寫的是這本書的內容，但因為害怕投身其中，結果卻在個人部落格上寫簡短的文章進行自我保護。部落格上的留言讓我興奮，卻不知有這種時間不如好好休息。

在過去的八年裡，我見過七千多名前來諮詢的人，其中大部分是像大學醫院的醫生、國內頂級法律事務所的合夥律師、常春藤盟校留學生等非常聰明的人。與他們進行諮詢讓我領悟到一件事：「他們並非在所有方面都很聰明。」我目睹了擁有不可思議的好資歷和職業的人，卻在戀愛中反覆使出最壞招數。學歷或職業並不能保障那個人的情感智慧。

但他們確實有共同點和優點，就是放棄短期利益，等待長期利益，具有長時間忍耐並努力的能力。為了減肥，他們可以立刻收拾好眼前的披薩去健身房。藉助計算和規畫未來的能力，即使看不到立即的結果，也知道該把時間和精力投入到「重要的事情」當中。不是東摸西摸，而是閱讀、學習品牌化相關知識，一步步接近問題的核心。不是為了工作，而是為了

取得結果。

　　作為惡人邁出第一步時，我以學習英語為藉口看美劇，隨著劇情放聲大笑，欺騙自己這是為了工作。覺得自己什麼都沒做而有罪惡感，想好好坐在書桌前打開英語書學習時卻感覺如坐針氈，此時是我人生中的最低效率。但是，那個低效率被我現在正在工作的錯覺掩蓋而忽視。現在就請立刻查看，你是否正「為了工作而工作」，只要把它們好好剔除，你的二十四小時就會更加豐富。

■ 實踐 ■

立刻	一週	一個月	三個月

　　克服為工作而工作的最好方法就是完全休息。現在立刻定下這週內完全休息的日子。當天直接把手機關機，看看YouTube或Netflix，斷絕一切打擾，洗個舒服的澡，一個人喝咖啡，靜靜地休息。這才是真正的休息。

　　如果無法完全休息，第二方案就是轉換「input-output」模式。「input」是向你的大腦輸入知識，「Output」是用輸入的知識寫作或製作影片等創造價值的行為。把重要事情延後最嚴重的後果，就是輸入時間過長或沒有輸入只有輸出，晝夜不停長時間下來很快就會倦怠了，因為沒有可見的成果。如果只執著於找出結果，創意就會枯竭。

　　打開冰箱想做飯，要是沒有材料，那什麼都不用做了。只有將這輸入和輸出在適當的瞬間進行轉換，才能持續取得成果，而且欲望也不會減弱。我寫文章的時候，如果某一段落思緒被堵住，就直接轉換成讀書模式。如果看書看得無聊，就坐在電腦前敲鍵盤。解決方法太簡單了嗎？相信我，實踐一下，你會比想像中更快感受到克服低谷的感覺。

惡人絕不按本能行事

惡人的武器⑤　頂樓的視野

人生不是短期戰

　　惡人不靠本能行動，會計畫過再行動。每當做決定時，我都會想像站在頂樓窗邊向下看的樣子。可能在最高處進行客觀觀察情況的練習。在做出重要決策之前一定要問自己：「如果做決定的主體不是我，是別人，那他會做出什麼樣的決定？」人們對別人的戀愛說三道四，但在自己戀愛時卻總是使出最差的招數。人們會像專家一樣回答他人提出的問題，但對自己人生卻常做出非常愚蠢的決定。

　　公司的一位職員正計畫搬家，他看起來很急躁，他堅信仲介說：「最近租房市場很熱絡，如果不立即付押金，一週內就會被別人租走。」看到這句話你應該很容易察覺是房仲在製造過度不安感。但若你是當事人，視野會縮小且變得狹猛。那名職員也因此無法放開眼界，只能困在局限的範圍中，被房仲說的話左右。他焦急地說現在就要去簽約。

　　我建議他不要急，那房子絕對不會租給其他人，還不如再拖點時間。客觀來說，那房子的租金太貴了，而且房仲只

說：「最近公寓很少，所以通常很快就租出去了。」並沒有明確說出那間房子有多好。房東透過房仲簽約，不會與租戶面對面，因此自然不會在簽約時說出房子有什麼瑕疵。我想起很久前我租下半地下室的套房時，不知是房東還是房仲寫下「提供WiFi」的字句，結果根本就是假的。所以房仲說的話不可全信。

結果怎麼樣了？那名職員按照我的建議拖延協商，換房仲著急了。當然，也許房仲說的是事實，有的房仲也是很有良心的，但我們也沒必要被牽著鼻子走。兩週後，房仲更急躁了，原本發下豪語跟房東說很快就會簽約，但一拖再拖，房仲也受到房東的壓力。最後職員直接與房東見面，用更低的租金簽下合約。

這不是常見的案例，單從結果來看，「忍耐」的戰略看起來也沒什麼了不起。你是否有過手機沒電，在沒有導航的幫助下，在第一次走的路上開車的經驗？日後回想起來那不過是條單純的道路，卻因為不知前後左右、無法綜觀全景而陷入巨大的壓迫感和焦躁當中。人生的每件事都一樣，雖然說每個人都要有人生規畫，但一遇到問題，就會被短期的利害得失所左右，或因為無法戰勝瞬間的衝動而推翻布局。

此時應該召喚自我開發理論最令人厭煩的內容之一，就是熟悉的「棉花糖實驗」。這是一個簡單的實驗，研究人員把孩子們聚集在一起問：「現在就要吃一個棉花糖？還是等三十分

鐘可以吃三個？」有的孩子等不及立刻就吃了一個棉花糖，有的孩子忍了半小時得到三個棉花糖。研究的真正結果在十多年後揭曉。研究人員觀察長大成人的孩子發現，當年忍了三十分鐘的孩子，比沒有等就立刻吃棉花糖的孩子取得了相對更大的成功。

我真正想說的就是這個，知道棉花糖實驗的內容和結果的人非常多，但是將這個實驗帶來的啟發運用到自己人生中的人卻極少。你是否也被擊中了？

在無數次的諮詢中，我見到了各個專業領域的人，他們一定是好不容易忍耐等待了三十分鐘才吃糖的孩子。但是，即使是具有這種耐心的人，在短期利益面前也常會無法抑制衝動而痛苦。人的本能是強大的，但也不是沒有方法克服，每當需要做出巨大決定的瞬間到來時，當想要立即做出決定消除眼前的壓力時，我就會暫時放緩步調，爬到我大腦中虛擬存在的高樓上放眼眺望。只是單純稍微拖延一下就獲益匪淺。這一點，我們後面再慢慢談。

不要忘記，人生不是短期戰，而是長期戰。在你所處的情況下，儘量往高處爬，眺望全局。你要立足在哪裡由你決定，可以是艾菲爾鐵塔的頂端，也可以是聖母峯的山頂，重要的是轉換從最高處眺望的時機，若持續進行這樣的練習，或許幾年後就能住在真正的頂樓了。

我從進公司開始就確信自己會成功

　　在第一次發現奇妙的戀人復合諮詢公司後，正式應徵前，我先花了二年時間自我修煉。

　　第一次諮詢結束後，我覺得我找到「可以發揮能力，可以成功」的領域。但是隨即冷靜看看所處現況，發現「如果現在為了賺小錢而抄襲他人的企業，成立自己的公司，真的就是為自己而活嗎？」也許馬上就能賺錢，但從長遠來看，未來肯定會變得不幸。

　　我利用「頂樓視野」，以第三者的角度眺望我所處的情況，「孫秀賢這個人沒有經營能力，也沒有經驗，這種人創業成功的機率不到百分之十。」雖然朋友們在一旁說：「像你這種程度，一定可以成功。」但我並沒有動搖。

　　二年後，因為有了心儀的對象而再次去諮詢，不出所料，我成功的機率達到百分之百，這比二年前希望和前女友復合而初次諮詢時得到百分之十的結果高出十倍。「蝙蝠」正式向我提議：「你絕對有資格成為出色的諮商師，正好現在我想自己

創業，你要不要加入？」兩年的等待換來更大的機會，讓我感到很興奮。我回說：「也許你不相信，但在過去的兩年裡，我一直為今天做準備。」

但是後來因為他的個人原因，合夥的提議取消了。我茫然地等待著不知道會不會再來的面試機會，遙遙無期的日子過去了。我再次 動頂樓視野，雖然我可以主動詢問，但我知道這在協商中是不利的。我不想讓公司認為我是隨時都可以的選擇。雖然每天都有數十次想打電話去詢問的想法，我還是忍了下來，就這樣又過了二個月。

和預期的一樣，面試並不難。雖然是實習生，但最後我堂堂通過了測試。但是離地獄般的實習時間還有八週，這是以實戰測試是否具有諮商師能力並接受教育的時期，同期進入公司的都是響噹噹的競爭者，有首爾大學出身的博士、國內首屈一指的會計事務所的會計師、東京工科大學出身的研究員、早稻田大學畢業的留學生。

但是在這一瞬間，我充滿了「我一定會戰勝他們」的信心，現在我也想不起來當時到底哪來的自信。但是在頂樓眺望的我腦海中的「另一個我」分明是那麼說的：「幾個月後，孫秀賢將成為同期中最先成為正職員工的人。」當然，每天還是不停地感到不安和焦躁，每天晚上都睡不著覺。儘管如此，我仍然沒有停止「最終我一定會合格」的傲慢想像。理由太簡單

了，他們有而我沒有的，就是「退路」。

在過去的二年裡，我拒絕平凡的生活。在成為惡人的過程中，失去了很多東西。喜歡「平凡的我」的人都離開了，一度渴望「畢業於平凡的大學、在平凡的工作崗位上度過平凡人生」的自己也被我拋棄。和父母的關係已經惡化到不能再壞的程度，如果被趕出這家公司，我真的就無處可去了。我故意把自己推到這種極限環境中，就像造物主在巨大的賽車跑道上扔出「我」，目的就是要我冒著生命危險全力奔跑，像瘋狂的獵犬一樣。而造物主就是來到頂樓的我。

我知道一般的公司不會要我，從長遠角度來看，選擇和集中可以取得最大利益。「在這裡多學點英語，多考幾個證照，被大學開除的我不可能考上普通公司。乾脆把累積資歷的想法拋開，只看書寫文章，聽一聽關於自我成長的演講吧。選擇，並集中。」（我並不是說人生的每道關口都要下這麼大的險棋。）

這是背水一戰。在日後我成為公司代表後，從某企業的代表那裡聽到這樣的話。他是一個非常成功的人，透過自己開創的事業完全掌握了特定地區的商圈。但他為了把自己推向極限，放棄原本的主力事業，投身於新的事業。這是為了在失敗時讓自己沒有退路，是承擔巨大風險的決定。他知道如何操縱自己，在迄今見過的企業家中，他具有壓倒性的洞察力，他的

眼光僅次於我的「頂樓視野」。

重新回到實習期間的故事，放大視野開始工作後，過去累積的能力開始浮現，因為已經形成無處可退的狀況。

實習時期的我為了生存，熬夜看書，把其他諮商師的諮詢內容背下來，為我負責的客戶提供最好的服務。出於下禮拜可能被解僱的緊迫感，我每週拚盡全力投入工作，開始逐漸累積成果。

最終經過比原計畫延長兩週的競爭，我成為同期中第一個成為正式員工的人。我終於以惡人的身分出道了。當然也有很多人反對我進入那間公司（為了平息他們的反對，如何克服的故事在後面還會再討論）。

也有人認為，必須留有後路才能取得更大的成果。這我完全可以理解。《反叛，改變世界的力量 Originals》的作者亞當‧格蘭特（Adam Grant）以比爾‧蓋茲為例，他因為有 B 計畫，所以可以毫無壓力地進行革新挑戰。就像重考時已經有另一所學校可以讀一樣的道理。

但是格蘭特卻忽略了一件事，他觀察的對象是比爾‧蓋茲，是人類當中最強的天才，無論有沒有 B 計畫他都有絕對的能力投入直到成功。而像我這樣擁有平凡基因的人或一生徘徊在下游的人，要想推翻一切並逆轉局面，就必須營造「沒有退路」的狀態，像推土機一樣只往前看，我相信這樣才有機會成功。

■ 直到最後都沒有炫耀成功的理由

　　你讀過《影響力 Influence》這本書嗎？作者羅伯特・席爾迪尼（Robert B. Cialdini）說：「如果你想將 300 萬元的物品以 500 萬元賣掉的話，一開始就要提高價格，開出 700 萬元。這樣一來，對方會以 700 萬思考，絕對想不到原本只是 300 萬元的東西，最終以 500 萬元售出的機率就會增加。」也就是說，在與人進行交易時，必須提出比自己預期條件更高的條件，才有機會得到原本想要的結果。短期來看，這是非常有效的戰略。

　　但從長遠來看，這可能不是明智的方法。假設交易對象是上司，為了獲得短期利益，運用各種說服技術壓迫上司，從長遠來看並不是好辦法，因為可能還會和上司一起工作好幾年。即使是無法拒絕的提案，如果先向上司要求好處，也會影響上司對你的觀感。

　　我把這種戰略稱為「先要求後證明策略」，但是如果你的上司非常有智慧，或是他原本就已經給你最好的待遇了，就不

能用這個策略。請注意，首先不能提出「如果我成功完成這項工作，請給予對等的報酬」這種要求，會適得其反。必須先用工作來證明，然後再提出要求。

公司提出以 ATRASAN 的理論為基礎，推出有關戀愛的 YouTube 頻道。但是在所有人都排滿了行程，每月進行超過九十次諮詢的公司裡，沒有人能再抽出時間經營 YouTube 頻道，而且我們當中也沒有人了解如何經營頻道。一開始根本就不知道從哪裡尋找專業編輯、需要準備什麼樣的設備、如何製作縮圖等，可說是一群門外漢。於是，我將「先證明後要求」策略付諸行動。我並未向公司要求任何東西，自掏腰包買了照明設備和夾式麥克風、找來專業編輯，並且抽空學習了非常基礎的剪輯技術和概念，然後自己一個人開始拍影片上傳。現在在 YouTube 上搜尋「精神丸」就會出現這個頻道。在當時，公司仍停留在討論如果開設 YouTube 頻道應該由誰來經營、什麼時候開始比較好等問題，還沒有具體的計畫。我無視他們，投入自己的時間和金錢開始經營頻道。至少在一年的時間裡，沒有一個人挺身而出。

剛開通頻道時，沒有人關注，但是我很快找到了幾個公式，一個月內就吸引了五萬名訂閱者。在諮詢過程中我並未告知客戶頻道的存在，因此那五萬名訂閱者純粹只靠頻道的力量被吸引而來。甚至還有人發現該頻道後問：「這是抄襲

ATRSAN 的理論製作的影片嗎？」

　　經營過 YouTube 頻道的人應該知道，第一次上傳影片時的心理負擔很大。實際上，在眾多 YouTube 頻道中，訂閱超過一萬的比率大概還不到百分之一。你只看到百萬訂閱的 YouTube 頻道，是經過演算法篩選的結果。

　　更令人驚訝的事實是，超過五十萬訂閱者的超級 Youtuber 們一聽到這話應該會點頭如搗蒜。相反地，連 YouTube 頻道都沒開過的人對擁有萬名訂閱者也不會覺得是什麼了不起的大事。訂閱人數達到五萬後，公司的諮詢需求突然爆增，原因在於突破五萬人時，我在影片中第一次提到公司名稱。公司開始分析突然湧入許多諮詢要求的原因，自然而然發現了名為「戀愛心理學精神丸」的 YouTube 頻道。很快發現了我自行創建和經營 YouTube 頻道，上司開始反過來問我什麼時候創建頻道。先證明後要求戰略，這就是我的意圖，按順序展開。我回答：「我本想澈底取得成功後再告訴大家。」

　　這種策略並不是每次都有效，但如果與充分理解你的潛力和真誠明智的主管一起工作，這個戰略將發揮很大的效力。我就是最好的例子，我的上司們充分理解我開設 YouTube 頻道的過程和甘苦，知道我還自費買設備，表面上說：「應該早點請求支援啊！」一方面卻感到無比欣慰。如果按照公司的指示開設 YouTube 頻道，得到的獎勵當然沒那麼多。此後，諮詢客戶

劇增到了難以承受的程度，所以現在策略性地中斷了頻道。

　　你問我是為了公司而這麼做的嗎？當然不是。雖然一開始沒有人認識我，但隨著時間過去，我的成果自然會傳到公司高層，我也會得到更大的利益，這些我都在腦海裡反覆模擬了很多次，站在屬於自己的頂樓公寓。最壞的情況不過就是YouTube 頻道關閉，但我也會在這個過程中獲得寶貴的經驗，怎麼看都不會有損失。不執著於短期報酬，從長遠角度觀察情況並制定策略，這就是惡人的成功之道。

　　看到這樣的我，你會問：「真的沒有向公司要一分錢？全都是自己學的嗎？業績增加了很多嗎？這麼做不是惡人，反而是好人的行為吧？」嗯，聽起來似乎是恰當的批評。我也不知道，我相信自己是惡人，並以此信念往前進。

■ 實踐 ■

立刻	一週	一個月	三個月

　　你說你的公司是個思想封閉，有許多老頑固的組織嗎？那麼，請遵循「先要求後證明」策略。不要在公司裡想著自我實現，應該把重點放在學習的東西上，以獲取個人利益。如果你的上司非常聰明，了解你的潛力，或是你的企業強調挑戰，鼓勵嘗試新事物，「先證明後要求」策略是可以奏效的。如果你現在的公司有長期無法解決的保留任務，就在你的能力範圍內完成任務吧。默默執行，直到公司發現你的成果。就像那些不立刻吃棉花糖的孩子，耐心等待！

實踐筆記

毫無理由，我要交給公司 20 萬元

　　我先向你保證，從現在起我要讓你覺得極度無聊。我以我的名字發誓。

　　YouTube 頻道大獲成功，提高了公司的業績，但對我來說還需要更大的一擊。 看了 YouTube 後來到公司的人，一百個當中有一百個都指定由我負責諮詢，光憑這一點，就證明我的品牌價值越來越大，但是我的野心並沒有就此停止。

　　我決定寫書。 當時我是 ATRSAN 的代表， 同時也是 PUDUFU 電子書平臺公司的代表編輯。PUDUFU 是製作並銷售單價 2400 元以上的超高價電子書平臺，當時引領我走上創業之路的蝙蝠所寫的電子書曾創下巨大的銷售額，但之後就沒有人繼續寫了。啊，請不要誤會，當時我們公司的員工個個都是很聰明實在的人。我只是想說，寫書真的不是一件容易的事情。

　　我想再次證明我的能力。從諮詢這個領域來看，我的經歷比寫作長。蝙蝠對我來說曾是像老師一樣的存在，但我認為至少在人際關係和心理諮詢方面我應該是領先的。不，的確就

是。我花費了更多時間不斷努力，至少在那個領域我必須超越他，如果做不到，就是沒有才能。在憤怒日記中這樣寫下來後，欲望開始瘋狂燃燒。

我開始寫電子書。雖然部落格上的文章一直受到客戶好評，但寫書是完全不同的兩回事。從什麼文章開始，以什麼文章結束，照什麼樣的順序寫，以什麼形式連接每一個章節，如何強化讀者可能會反駁的部分等，無數苦惱折磨著我。加上每個月數十件諮詢案還是照常進行，無論怎麼分割時間都不夠用。

有一天，我完全精疲力竭，在朝鮮宮殿酒店預訂了房間，那裡一晚要價上萬。我需要更新，必須做出決定。我突然想起了幾年前在半地下室套房裡苦讀的時期，那時連買杯咖啡也捨不得，但現在我的人生發生很大的變化。總之，我在那裡再次爬上腦海中的頂樓公寓，思考「如何才能克服這種情況？」然後退一步觀察孫秀賢這個人，從進入公司的那一刻到現在為止，回顧了如何解決問題並取得成果，終於找到貫穿過去成功經驗的共同點，我的腦子裡閃過一道光。

當時我研究出「損傷理論」，如果某個課題失敗，就會給自己帶來巨大的損失。剛進公司時，我給自己「如果連這裡也被炒魷魚的話，就不用活了」的傷害，比別人更拚命地工作。因為失敗的話，不僅會成為無業遊民，也很難在其他公司工

作。我大學被記了三次警告而遭學校開除，所以連一個合格的學歷也沒有。在開始經營 YouTube 初期，費用全部由我個人支出，因此失敗也不能向公司申請費用。現在回想起來，在執行某個課題時，我總是把自己推向承擔失敗損失的結構中。

怎麼樣？我成功了。不是說會讓你覺得很無聊嗎？你可能覺得「又是那個背水一戰的故事」，沒錯，只要讀過任何一本自我開發書的人，大概百分之九十八以上都知道這個故事。但是你知道嗎？你之前打的背水一戰只不過是自我辯解而已。

有個吸血鬼，因為吸血鬼是永生的存在，所以對沒有盡頭的生活感到厭煩，每天都試圖自殺，但是又死不了。有一天，一位勇士自告奮勇要殺死吸血鬼。吸血鬼興高采烈地等著他，經過激烈的戰鬥，勇士的刀鋒架在吸血鬼的脖子上。 在等待許久的死亡面前，吸血鬼突然改變姿態向勇士求情：「求求你饒了我。」 勇士說：「你其實不是想死，企圖自殺也只不過是一種遊戲而已，因為你知道無論怎麼樣都不會死。」

到目前為止你的背水一戰，不就是跟永生的吸血鬼試圖自殺一樣嗎？冷靜地回想，每次宣稱背水一戰的懲罰，其實就是即使受到打擊也沒有影響的有名無實的懲罰吧？或者你內心覺得反正就算我以後違背承諾，這些人也不會一本正經地教訓我或懲罰我對吧？這樣下去，不就像什麼都沒發生過一樣？

從現在開始設定的損害應該與這種一次元的背水一戰全

然不同，要賭上致命的東西，讓人覺得「這樣下去真的會完蛋！」然後簽下合約。不是開玩笑。放棄不花一分錢就可以將你的執行力提升到前 0.1％ 水準的期待，如果不放棄，你只會是一個沒有野心的惡人。

在飯店住宿後的第二天我回到公司，召集全體職員對他們說：「如果我在兩週內不能完成第三本電子書，我會在未來三個月每月贈予公司 20 萬元。不，我可能會改變心意，所以乾脆直接從我的薪水裡扣除。」如果失敗，就要連續三個月付錢給公司。「如果失敗，我會給公司 2 萬 5 千元！」把這些胡言亂語收起來，那不過是任何人都能承擔的損害。那樣的承諾改變不了任何事。我找到 PUTUFU 的副代表，簽了合約，還蓋了手印。如果失敗，我要承擔的損害會是 60 萬元，而我當時居住的房子月租是 6 萬元。

在公開宣布寫作後，我發揮了生平從未有過的巨大集中力。就像進入公司當實習生的競爭時期一樣，無意識中潛力爆發，我像個努力保持配速的馬拉松選手，在即將抵達終點前瘋狂衝刺，最後只花了五天，我成功出版了第三本電子書《戀愛的自由：女人篇》。該書在 PUTUFU 創下超過 600 萬的銷售額，到目前為止，我的帳戶已經收到近 250 萬的收益。我將損害理論分享給全公司職員，這個理論現在成了公司相關企業的文化。

你想將你擁有的一切能力最大化嗎？運用損害理論，不要只想著眼前的利益，像沒有靈魂的人一樣生活。拉開一步距離，登上頂樓觀察自己，也許你面臨的「短期損失」會對你獲得「長期利益」有很大的刺激和幫助。

　　現在公司同仁都自動發表各種宣言。

　　「如果這個月內不提交企畫書，我就給所有組員每人 2 萬5 千元。」

　　「如果每週想不出十個以上的創意點子，這個月的薪水就只拿一半。」

　　積極程度連寫出這篇文章的我都不敢相信，他們目前在公司內部的激烈競爭中處於領先地位。

　　現在回想起來，我的背水一戰水位太深了。但你現在應該明白我要表達的是什麼。隨時都有可能違反的承諾或懲罰毫無意義。當然並不是一昧要求下大賭注，即使只押了少量的錢，也要寫一份形式上的保證書，才會有效果。

■ 實踐 ■

立刻	一週	一個月	三個月

　　走出去，向周圍的人宣示你的目標。再進一步，賭上你的自尊。如果違背目標，就提出會對你造成巨大損害的提議。一般的自我開發類書籍到此為止，但是，我們不會進行像吸血鬼試圖自殺那樣沒有意義的交易，要做就做會為自己帶來好幾個月，不，為整個人生帶來巨大危機的交易。短期內你會承受極度的壓力，但是損害理論會引導你走上成長和成功的道路。害怕失敗嗎？那就試試失敗賠錢的經歷，你就再也不會想失敗了。

實踐筆記

就算公司垮了，我也不會垮

　　如果向尋求諮詢的客戶解釋「惡人論」，他們會反問：「我也想像諮商師所說的那樣，以惡人的身分生活。但這在我們公司是不可能的。即使提出新的意見也被置之不理，公司根本就不鼓勵職員成長。每天工作只是為了累積年假，前輩們個個軟弱無能，只會對後輩耍威嚴。到底該怎麼辦呢？」

　　坦白這種局限的人出乎意料地多，也許正在讀這本書的你也無法擺脫這種組織，但是解決方法非常簡單，無關你的公司，而是要對來找你的客戶盡最大努力。不是為了公司形象，而是為了自己而工作，它會成為你的品牌，不要困在公司這個迷宮裡，在潛力被封印的情況下工作，要爬到工作的頂端，開闊視野。眼界不要只放在一個月前、兩個月前，想像一下一年後、二年後在你身上展開的未來。

　　當時我在 ATRSAN 總公司工作，挖我進去的「蝙蝠」入伍後，公司開始走下坡，受蝙蝠委託的瘋狂共同經營者讓公司銷售額減少了一半。他無法控制憤怒，還打電話對客戶發火。但

無論如何總得讓公司繼續營運下去，我想辦法對他好說歹說，當其他人指責他時還為他辯護，但他卻完全不理會，我反而更得罪他。其他職員也紛紛離開了公司，我苦惱了很久，最明智的做法是跟著大家一起辭職，但是我非常熱愛諮商工作，並不想這樣做。

我改變了策略，為了能再次登上頂樓展望而努力。「在我的人生中，公司並不重要，只有我的工作最重要。不為公司，而是要專注在自己身上。」就算因經營者管理不善導致公司走下坡，好不容易累積的客戶對公司開始有負面印象，但我還是會盡最大的努力，至少讓「我」身為諮商師的品牌不會出現裂痕。

我反而比公司經營惡化之前更熱情地進行諮詢，更加激烈地思考，努力與客戶拉近距離。如此努力工作為公司賺的錢全都變成共同經營者的娛樂費，薪水拖欠二個禮拜以上是家常便飯，但我並不在意，站在頂樓俯瞰時，我很清楚這種短期損失以後會帶來更大的利益。

找我諮詢的客戶對我的信任和支持越來越深，公司內部同事們雖然對經營者感到失望，但是對孫秀賢這個諮商師的魅力感受越來越深。與幾名客戶撇除諮詢工作，私下建立了交情，他們當中有人問我：「為什麼沒想過出來自己創業？」我會回答：「一想到公司，就覺得不該那樣做。」其實我在等待時機。

蝙蝠從軍隊回來後，數十顆棉花糖瞬間灑落的時刻正迅速到來。

我感覺到，至今為止所建構的諮商師品牌，是時候可以大放異彩了，所有客戶都接到通知，新的網頁已開啟。患有精神病的經營者似乎認為，就算我離開也不會有什麼損失，所以就放任我不管。

我的預想完全應驗了，原公司的客戶大多轉向新成立的公司。短短三個月，每月淨利數百萬的原公司倒閉。我離開公司並不是因為經營者的無能或公司業績變差，而是每隔一天就被瘋狂的經營者打耳光，這種時候我心裡就會想：「同樣都是精神病患者，為什麼要這樣對我呢？」我只能自己調適，但沒辦法抵抗他。這麼說或許沒有人會相信，因為連我自己都不相信。

如果你認為現在所處的組織中得不到尊重，每天有數十次感覺靈魂被撕碎，可是這樣說不定更好。因為擺脫了公司這個監獄，你反而可以擴展你的可能性。當你撕掉公司這張名片時，還會留下什麼？真正的惡人不是以「公司」，而是以「我」存在。每個人發展的起點都從公司開始，但總有一天要離開。惡人為了在那刻來臨時能夠不猶豫，必須不斷累積屬於自己的東西。

■ 實踐 ■

立刻	一週	一個月	三個月

　　如果你所屬的組織沒有可學習的東西，而且高層主管也無心進行革新，那麼你有兩種選擇。

　　第一，轉調到其他組織。鐵達尼號正在下沉，就換乘救生艇。別在豌豆田裡找紅豆。在無法發揮自我效能的地方再怎麼努力都沒有用，最後得到的只是無力和倦怠。

　　第二，如果你無法換個地方，就留在那裡打造「屬於自己的追隨者」，他們會在將來信任並幫助你這個品牌。即使公司倒閉，你的價值不會倒閉。別再抱怨，把眼前的工作完成，從長遠來看，你的壽命絕對比公司長得多。

實踐筆記

財富自由不是運氣，
要走在安全的路上

　　長期在一個領域工作會累積成果，開始出現尊敬自己的後輩或同事，許多幫助你發展的寶貴資源也開始聚集。我也一樣，追隨我的人逐漸增多，也漸漸累積我的名聲。應該也有人會這樣吧？上網搜尋自己。我經常在網路上搜尋自己的名字和筆名，真是幼稚吧？後來在一個部落格上看到有人這樣評論我。

　　孫秀賢為什麼不自己出來做？是缺乏男性荷爾蒙嗎？難道他不想自己當老闆嗎？真讓人不解。

　　在我看來是很有趣的評價。不過這個人只知其一，不知其二。我在人生中總是運用「頂樓視野」，從進入現在的公司開始，頂樓視野一直跟著我，是我的武器。有些人看到我的人生後覺得「真是太一帆風順了」。但如果你以為我是順水而流，幸運地來到這裡，那就大錯特錯。我是根據徹底的分析規畫，

一邊變換位置才到達這裡，並努力堅持下來。

根據性格分析，想獲得財富自由的人大致可分為五種類型。我把它稱為加入「惡人論」這巨大世界觀的五種玩家類型。

等級五：成功的代表。

等級四：失敗的代表。

等級三：成功的追隨者。

等級二：失敗的追隨者。

等級一：不參加遊戲者。

最高等級五是「成功的代表」，這裡的「代表」並不是指公司的老闆、CEO，也可能是公司內握有實權的人，可能是擁有許多追隨者的領導人物。在他們之下有「成功的追隨者「和「失敗的追隨者」。最底層的等級一「不參加遊戲者」則是從來不關心財富自由，只滿足於均衡生活的人。

在五種類型中，哪個等級承擔的風險最大？是「失敗的追隨者」或「不參加遊戲者」嗎？錯了，正確答案是「失敗的代表」。如果足球隊成績不理想，誰最先被檢討？主力選手？板凳球員？不，是教練。「失敗的追隨者」反而損失沒想像中那麼大，當然不是完全不會被打擊，但是因為沒有資源投資，所

以也沒什麼損失。人們常以為當企業倒閉時，代表或 CEO 都有自己的安全機制，帶著公司的錢離開。但實際上這種事少之又少，負債累累的大部分都是代表。

「不參加遊戲的人」很簡單，他們就是沒有投資的人。比特幣上漲時沒買，比特幣下跌時自然沒損失，他們沒有利益也沒有損失，可以說做了非常安全的選擇。但是「失敗的代表」很有可能是為了建立自己的追隨者而投資最多，簡單來說就是成立一間倒閉公司的人。

談到「惡人論」時，常有人說這是一個冒險又荒唐的計畫，那是完全誤解了惡人的概念。會這樣說的人是因為他們一開始就想當代表，「如果是真正的惡人，就應該有更大的野心。」錯了，一提到惡人，就會想像成是背負著巨大風險，正面撲向世界的樣子，但這與我所想的惡人相去甚遠，真正的惡人應該是在澈底規畫下占據最有利的位置。

如果在沒有任何經驗的情況下成為一個組織或公司的代表，會發生什麼事情呢？百分之九十九會讓這家公司倒閉。沒有經歷過成功的人，決策能力不成熟、專業知識不足，肯定會被周圍的人左右。我敢保證，若從一開始就占據「領導」的位置，將是巨大的損失。不要以「失敗的代表」開始你的人生，應該從追隨者開始，「成功的代表」也曾是「追隨者」。若是追隨者，那麼無論是失敗或成功，至少不會遭受無法東山

再起的損失，可以在這個過程中得到最珍貴的東西，就是「經驗」。

起初我也是以追隨者開始的。雖然可以和少數支持我、信任我的追隨者一起建立公司，當個領導者，但我認為先進入公司累積經驗比較安全，也更有價值。也許無法避免因為遇到錯的公司而成為「失敗的追隨者」，但是比起成為「失敗的領導人」，「失敗的追隨者」才能在下次選擇風險更小的道路。雖然是在別人底下工作，但我決心把現在這個時間完全變成屬於我的東西，以新人的心態努力從基礎開始學習直到熟練掌握，不管別人的臉色，不斷提出各種新想法，最多就是丟臉而已，也沒有什麼損失。

從短期來看，我成了「失敗的追隨者」。拉我入公司的「蝙蝠」離開去當兵，掌控公司的瘋狂經營者經常打我耳光，貶損我、虐待我，但其實我並未失去任何東西。在瘋狂的經營者欠下千萬債務的期間，我幾乎沒存到一分錢，但至少沒有負債，而且我得到了很多東西。幾年來每天排得滿滿的諮詢工作，讓我決策能力瞬間得到驚人的成長，說服和共鳴的口說能力也提高。不管喜不喜歡，我堅持每天都在部落格寫專欄，所以現在寫作對我來說就像呼吸一樣輕鬆自然。因為立足在相對沒有損失的「安全」位置，所以我可以盡情嘗試更多樣的事物，即使失敗，也不會造成致命的影響。

就這樣堅持了二年，蝙蝠回來了，我再次將我的命運押在追隨者路線上。結果如何呢？果然「押對寶」了，我成為「成功的追隨者」。這種涓滴效應開始帶來鉅額收入，遠遠超過原本的薪資，最後我順利被推舉為一家企業的「代表」。

現在還認為我是運氣好嗎？或許吧，我透過分類和分析我周圍的人，規畫出絕對不會吃虧的構圖。如果我過著追隨者的生活，中途有了信心就改走「企業家」之路，結果會怎麼樣呢？我一定會失敗得很慘。當然，也說不定靠著運氣取得成功，但是我不想把我的人生交給機率。

經營公司後經常感受到，需要的知識數不勝數。追隨者時期的我所擁有的知識和經驗根本不及現在的百分之五，當時若冒然出走創業，百分之九十九肯定會失敗。

有人說：「無資本創業啊，根本就不需要花錢。」在書店裡也有很多無資本創業的書籍。但不投入資本也能確保收益性的「創意」到底來自哪裡呢？這就是我在作為追隨者時累積的經驗。上班族透過斜槓兼職開始無資本創業，然後取得成功這事絕非偶然；一個沒有任何經驗的無業遊民某天突然當了老闆，一舉成功，這種機率近乎於零，所以拜託快從這危險的幻想中醒來吧。（此外，曾試過無資本創業的人應該知道，在這世上不存在「無」資本創業，實際來說，「小資本創業」是比較準確的表述。）

別人年紀輕輕就當上代表，一帆風順，你卻仍只是個小職員，為此感到不安和絕望嗎？恭喜你！以下這些還沒成為代表的人都是被祝福的人。

■ 隸屬公司這類組織接受訓練，尚未進入以財富自由為目標，激烈「無限競爭聯盟」的人。

■ 即使不能馬上賺錢，也努力學習培養專業知識的人。

■ 不盲目投入創業，沒有債務的人。這裡的債務不僅是金錢，還有人情債、時間、能量等在事業（創業）中可能失去的所有機會費用。

■ 在別人手下工作領死薪水的人。

■ 在永不會被解僱的公家機關內，一邊工作一邊夢想擁有自己事業的人。

以上類型的人在資本主義競爭中，只要盡最大努力，就不會失去。

從惡人的觀點來看，透過所謂的「代表宣言」獲得瞬間的滿足以及自尊都只是暫時的，短暫的派對結束後，你就只是一艘隨時都可能沉沒的船上的船長。每天都抱著隨時可能爆發的風險。

你可能會感到混亂。「不是說要製造無法回頭的情況嗎？

但現在要我走安全的路線？這到底是什麼標準？」在已經發生的情況下盡全力奔跑，與將自己推向注定失敗的情況是完全不同的，要冷靜區分。我之所以將二年的時間，孤注一擲投入又小又簡陋的「三人小企業」中，看起來是一場賭博，但換個角度來看，也是個沒有什麼可失去的買賣。而且只要我努力，就一定能得到「寶貴的經驗」，是一個具備了可預期利益的買賣。

有人會認為惡人就是決策果斷的人，但若是完全不顧風險，只憑眼前的欲望行動的人，充其量只是自我意識過剩的貪心鬼，並不是真正的惡人。

惡人的革命

給想要更成功的你

錯誤的建議會讓原本只需
花一年就成功的你多花 5 倍時間

自我開發書籍的 7 大謊言

成功是方向性的較量

　　讀到這裡真是辛苦了！你現在已經掌握惡人必備最基本的心態和能力，現在要花點時間把這些東西磨一磨，完全變成自己的東西。成長吧，道路就在眼前。

　　不過還有一件事要告訴你，想要成功，「提升能力」固然重要，但「修正錯誤」也不能輕忽。夢想成長的你，透過閱讀各種自我開發書籍，學習書中傳達的各種方法和途徑，但是裡頭也包含不適合你的方法，甚至是阻礙成長的致命錯誤。我會如此肯定，就是因為我在過去也曾將各種自我開發書籍裡的知識照單全收，結果誤入歧途，繞了很大一圈。而那些浸染我人生的錯誤常識，長期留在我的無意識中造成阻礙。如果你也像過去的我一樣，在各種自我開發書籍的教導下盲目行動，說不定也會不知不覺深陷錯誤中。

　　成功是方向性的較量，只要抓好方向盤，就算稍微慢一點，總有一天也會到達目的地。但如果走錯方向，就會抵達完全出乎意料的地方。結果必須原路折返、重新設定導航，再次

擠入堵塞的道路，原本只需一年就可實現的成功，現在得花五倍時間才能達成。那些自我開發書籍都應該先經過過濾，當然，你現在正在讀的這本書也不例外。

自我開發類書的建議雖然能讓你成長，但有時也會造成阻礙。以下介紹在自我開發書籍中常見的七個謊言，對某些人來說可能是改變人生的最佳建議，但對其他人來說卻可能是浪費人生的最差建議。讓我們一一觀察，拋開那些感受不到效果卻勉強跟隨的東西吧！

Miracle Morning? 該死的 Morning!
——謊言①

你是否也曾挑戰過在凌晨起床，比別人提早開啟一天的「早晨奇蹟挑戰」？直到幾年前，我都還是這個神話的忠實信奉者，咬著牙努力養成每天早上六點起床的習慣。結果怎麼樣呢？

我每天早晨都帶著挫敗感開啟一天。「再多睡一會兒……」喃喃自語地閉上眼睛，結果這一會兒成了二小時，一整天都很懊悔，沒有活力，一天二十四小時都覺得自己是個連早起都做不到的失敗者，這一天完美地毀了。「今天已經完了。」這種失敗感讓我無法做任何事。但既然開始了就要堅持到底，我還是努力了三個月，我相信總有一天體質會改變。但是隨著時間流逝，我領悟到早起對我的人生毫無幫助。我是一個會在被窩裡輾轉直到上午十一點才睡著的人，這種睡眠模式不可取，但我認為每個人的睡眠模式都不一樣。

在凌晨六點能幸運起床的日子，到中午時分我就會止不住地打瞌睡。下午要開會的話更難熬，完全想不到任何點子，只

是不停確認時間，想著「會議什麼時候才結束？」想不顧一切趴在桌子上睡覺的衝動不斷襲來。三個月的時間到了，我澈底放棄了所謂的早晨奇蹟，自暴自棄決定隨心所欲過日子。那天我整個人都很憂鬱。

但後來卻發生了令人吃驚的事。當我不再為了早起而掙扎，反而成功完成了許多專案。雖然我仍因為睡眠障礙未能好好睡覺，但因為不再勉強自己早起，而是按照自己的生理時鐘作息，所以心情很好。

最重要的是擺脫了「早上爬起不來的人就是失敗者」的錯誤想法，以比任何人都高的效能感開始新的一天。「睡得很好」的滿足感讓我心情好，還讓我產生了「睡得好，工作也要做得好」的正向想法。積極的良性循環激發了欲望，讓我充滿自信。

我並不是要否定「早晨奇蹟」的概念，每個人都不同，或許對某些人來說是很強大的武器，特別是對澈底計畫型的人來說，就像是禮物般的策略。但是世界上肯定也有和我同類型的人，在早晨艱難地起床後，中午和晚上就等於完全放棄的人。實際上認知心理學研究指出，每個人都有適合自己的睡眠模式，像我就是完美的「夜貓子型」，早上沒什麼活力，但從傍晚到凌晨卻精力旺盛。

早上起不來不是你的錯，也許是遺傳，你大腦中「最自然

的睡眠模式」將你重新拉回到床上。若是否認這一點，硬穿上不合身的衣服，反而會陷入惡性循環，就像整天處於精神不濟，想打瞌睡的我一樣。花點時間了解自己的睡眠模式吧！要客觀分析什麼時候最能發揮效率、睡多久最合適，想想自己是晨型人還是和我一樣是夜貓子。要穿上適合自己的衣服。

也許有人會反問：「每天早上都要準時上班，夜貓子又如何能有好的工作表現呢？」沒錯。希望不要誤會我鼓勵大家想睡就睡，想起床才起床，像無賴一樣生活。我說要創造適合自己的睡眠模式，很多人就會錯誤理解，以為追劇、玩電動到凌晨四、五點才睡也沒關係，「因為我是夜貓子啊。」合理化自己的行為。「快睏死了。」這種惡性循環從何而來？都是因為該死的手機。拜託遠離吧！

千萬不要因為早上起不來而自責。以前有句話叫「四當五落」，意指睡四個小時考試會通過，睡五個小時則會不及格。一言以蔽之，睡眠越少，就越能取得高成就。真是胡說八道啊。看看在高考中獲得高分的學生，被問及考高分的祕訣時，共同的回答都是「要睡飽。」我不是要誹謗睡得少的成功人士，我認為他們都是非常了不起的人。但我也希望那些天生基因就是那樣安排的人，不要只看結果，然後因為無法學習別人而自責，請停止這種想法。

如果你睡眠總是很充足，那我非常羨慕你，希望我也能有

那麼一天，或許我可以成就更多事。

　　要克服睡眠問題的唯一方法就是晚上完全不要碰手機。很多人因為一個人很孤單，所以睡前習慣躺在床上滑手機，看 YouTube 或 Netflix，甚至還有不少人是手機開著播放影片一邊入睡的。如果真的很難完全不碰手機，就放些能讓人平靜的 ASMR，或像雨聲這類的白噪音，或是有助成長的 YouTube 影片或廣播，只用耳朵聽，慢慢入睡。這與用眼睛看有很大的差異，因為眼睛受到光亮刺激就會很容易醒來。透過各種嘗試，最終會找到最適合你的睡眠模式，照著那個模式去做，這是克服睡眠問題的唯一方法。

■ 不會整理房間的人不會成功？

——謊言②

　　抱歉，就是我。我比任何人都不擅長收拾和整理房間。我的人生中從來沒有物歸原位，桌子上一塵不染，毛巾按顏色疊得整整齊齊的時候。

　　打掃是很瑣碎的事，但卻很有成就感，會讓人自信心倍增，放鬆心情。但是，如果成為每天的功課，對不擅長或不習慣的人來說就會成為心理負擔。結果連一個禮拜都堅持不了，不了了之。我在某本自我開發書籍中看到「成功的人總是把房間整理得乾乾淨淨」，想到自己連整理都不會，好像沒有資格成功，就感到很憂鬱。

　　但是在憂鬱的日子裡，我每天都堅持寫作，接連成功完成了「超暢銷」的電子書，高收費的心理諮詢也預約滿滿。當然，在家工作並不容易，所以我主要去咖啡廳寫作、寫提案。雖然我是連打掃都做不好的人，但是我在咖啡廳裡產出了很多作品，突然發現「不會打掃整理的人就是失敗者」這個主張，說不定是某個澈底計畫型的人在成功後創造出的虛假神話。

不用太執著於打掃整理，如果一定要做的話，就設定十分鐘，只打掃十分鐘，時間到了就停止動作。想做的時候再做，但就以做十分鐘的心態開始，適當整理就好，養成感受適當滿足的習慣。不僅僅是打掃，人生中百分之九十九以上 的雜事都不必現在立刻執行。對於這些事，我都會以「適當滿足」的態度看待，把節省下來的時間花在真正重要的事情上。若是連打掃這種小事都陷入完美主義中，那麼遇到真正需要取得巨大成果的時候，集中力和能量就會不足。

但如果你是真正享受清掃、整理的人，就不需要遵循這個方法。研究結果顯示，在乾淨整潔的空間裡工作，效率會更高，更有創意，但是千萬不要因為不會打掃而認定自己就是失敗者。

我決定把每天令我痛苦的打掃工作委託給別人，雖然當時我的收入還不到現在的二十分之一，但還是找了清潔公司預約每週一次的清掃服務。這是為了未來而做的投資，我只是不喜歡打掃，並非討厭整理乾淨的空間。承認自己做不到的事，把那件事交給專家，讓我感覺解脫，讓我有時間專注於其他生產性的工作。

不想打掃，但家裡又髒又亂讓你什麼事都做不了嗎？馬上找專家來。只要稍微投資一點就能提高工作效率，那就投資吧。

■ 冥想真的能把我們帶到一個 更好的地方嗎？

——謊言③

「閉上眼睛，給自己三分鐘，用全身感受你的心，你的心會慢慢變得平靜，雜念也會消失。」

冥想對我來說，只不過是安眠藥而已。閉上眼睛的瞬間，睡意襲來，根本沒有時間感受所謂內心的平靜就陷入「睡眠狀態」。在強迫自己早起的那段時間，我同時也練習冥想，但結果很不理想。拚命想起床，還要閉上眼睛冥想？練習冥想的時間，還不如抽個十分鐘讓我多睡一下。

也許有人會說那是因為我沒有深入學習冥想的方法。或許吧，但如果冥想是必須經過專門學習和努力練習才能做到的事，那麼要每天實踐不就非常困難了嗎？

整理好自己的心情很重要，但是我寧願用寫作來回顧自己的心，這樣更有效果。將心裡凌亂的思緒用文字寫下，就會永遠留下來，知道自己在什麼時候有什麼想法。日後一一回顧，「原來我當時是這樣想的。原來我在煩惱這個啊。」寫作本身也能消除鬱悶的心情，誰都有那種經驗吧，怎麼樣都找不到解

決方法的事，只要寫下來，心理就可以得到某種程度的平靜。

那冥想會怎麼樣呢？基本上冥想是閉著眼睛沉思，所以內心積壓的情緒和苦惱無法表露出來。修煉不足的人很難長時間集中精神，總是會想睜開眼睛表達什麼。冥想時大腦不會留下任何記錄，所以無法記住我那天的想法、冥想時的心情，因為想法會揮發。

早晨奇蹟、整理、冥想，這些對我來說沒有用的方法，若對你有效，那就沒必要放棄。對人生有充分幫助的行為，如果對你沒有幫助就沒有意義，這本書對某些人來說也可能是垃圾。

到目前為止雖然努力照著做，但怎麼樣都不順利，也無法成為習慣，那就有必要思考一下這個方法是否適合我。就我而言，把冥想的時間拿來寫憤怒日記對我更有幫助。

如果想回顧自己的內心，消除混亂的想法，我覺得與其冥想，不如放下所有電子設備，切斷來自外部的刺激，花一、二個小時思考。關掉身邊所有電子設備的電源，靜靜地躺著，靜靜地去感覺腦中各種想法，這也是一種廣義的冥想。不要一開始就強迫自己：「我要用正確的姿勢坐著冥想。」

只工作 4 小時就好？
屁話也該適可而止

——謊言④

　　《人生勝利聖經：向百位世界強者學習健康、財富和人生智慧 TOOLS OF TITANS》的作者蒂莫西・費里斯（Timothy Ferriss）在自己的另一本暢銷書《一週工作四小時：擺脫朝九晚五的窮忙生活，晉身「新富族」！》中表示，一天工作四個小時就足夠了，他優化工作流程，過著自由的生活。但是，了解內幕的人一定很清楚，在得以投入較少時間創造高產值的成果之前，他每天瘋狂工作十四個小時。如果沒有經歷過那段痛苦的時期，費里斯能領悟到縮短工時，提高產值的方法嗎？在找到最適合我的程序之前，經歷無數失敗和錯誤的過程，稱之為「優化」。我的時間如何流逝、什麼是真正重要的事、什麼又是不那麼重要的事，這些必須親身經歷過才知道。只埋頭工作的生活不會幸福，但是，如果沒有做到極限，就無法期待任何成長。

　　但「只工作四小時」的口號束縛了人們，如果工作時間大於四小時，就會陷入自己效率太低的愧疚感。更大的問題是一

些沒有實力和才能的人，整天無所事事喊著：「我一天只工作四個小時。」這太可怕了。大多數人還朝九晚六地困在公司裡，只工作這麼少的時間根本不可能。

我進入公司的頭三年都沒有休息，所有的週末和國定假日都在公司上班，不然就是在家看各種諮詢方面的文章，回覆客戶的信件。為了幫客戶尋找解決方案，我看書、調查資料。這不是空話，沒有一個週末是為我自己而度過的。一週中唯一可以稍稍喘息的日子是星期三，因為只有這天排了五個諮詢，其他日子都是七個。但即使每天都那麼忙，我仍在苦思如何才能更有效率地寫作。什麼工作流程優化、短工時文化，這些我從一開始就沒有時間思考。不，如果以那種方式工作，絕對不可能完成一天該完成的工作。

我就那樣工作了三年，領悟到最適合我的業務訣竅。過去，如果一天排了七個諮詢，我會分成早上三個，下午四個，但午休通常都在思考下午要處理的業務，沒辦法好好休息。

於是我乾脆把所有的諮詢都排到上午，把午餐時間往後挪，中間不休息，不停處理諮詢業務。如果無法集中在上午，就從晚上到凌晨處理。雖然整體業務量沒有減少，但至少在休息時間也滿腦子想著諮詢的低效率現象消失了。早上有諮詢的日子，我會快速結束諮詢，那麼剩下的時間就專注在創造性的工作。若是晚上的諮詢，那麼結束後我可以好好睡到中午。

寫部落格專欄的時候，我也有自己的祕訣。過去在什麼材料都沒有的狀態下，我會一邊抱怨一邊盡力傾注專業。因此素材很快就枯竭了，無法經常更新。因為沒有創意，寫作就成了一件苦差事，寫一篇文章足足要花四個多小時。但我開始引用「在 ATRASAN 的諮詢後記」來補充我的分析，寫專欄的時間明顯減少了，現在每天只要花三十分鐘就能寫出一篇專欄。

　　感覺你會開始想叫我老頭子。「我透過『努力』取得了自己的成功，你也要跟著我的路走。」感覺我會成為說這種話的人，對吧？沒錯，我就像個老頭，但是我透過諮詢數千人的經驗，深切感受到「只要適度工作就能成功的神話」要實現有多困難。工作四個小時就能賺大錢，這根本是幻想。也許有人辦得到，但他可能原本就是個天才，不是本書的討論對象。

　　在最初幾年因為沒什麼專業知識，工作效能自然比較低。但重要的是，工作的同時也要持續思考如何優化，捨棄不必要的業務，如果沒有任何經驗就減少工作量，那收入也會變少。

　　在閱讀這篇文章的同時，你是否覺得與工作時間相比，產出太少？是工作效率太低嗎？不要急著遞辭呈，也不要抱著現在就要減少工作量的虛幻夢想。先思考如何改變現在這種效率不彰的工作程序吧。

■ 喬登‧彼得森教授，
我讚揚自卑，怎麼樣？

——謊言⑤

　　二〇一〇年代的主流氛圍是「療癒」。不要與他人比較，要愛自己，才能找到幸福，這樣的建言讓人們感到安心。要消除自卑感，過著適度滿足的生活，不要太貪心，要心懷感激擁有的一切與現有的生活。

　　我不同意。適當的自卑感是成長必備的優質燃料。在自我開發領域像神一樣備受推崇的喬登‧彼得森（Jordan Peterson）教授說：「先摀住耳朵，不要理會內心的批評家。」質疑這麼優秀的學者我感到很抱歉，但要人無視身為人類才有的自卑感反而不自然。不與他人比較這可能嗎？聽起來就像「房間裡有大象，但要裝作沒看到」。如果決心「以後不要再想了」那種感覺就會消失，那麼說穿了，它其實並未深植心底啊。

　　二十一世紀的資本主義源自於嫉妒心和競爭。高中和大學時，我總是對那些比我優秀、年紀輕輕就在某方面獲得成功並受到矚目、無論走到哪裡都受到歡迎和祝福的朋友，有著極度的自卑感。源於這種情感，我後來養成了寫憤怒日記的習慣。

多虧了他們，我每天都懷著要復仇的情感生活。

我再強調一次，復仇不是要傷害別人，而是要在將來用能力證明。我要用正當的方法成功，讓他們對我刮目相看，「他怎麼變得這麼厲害。」想在他們的情感掀起波濤，想痛快地笑著回想這些事。當然，因為這樣的報復心理，壓力也隨之而來，但與此同時，我也以憤怒為跳板，快速成長。

不要否定你的自卑感，不要明明羨慕嫉妒別人，卻說：「我才不是自卑！」刻意迴避那種感情。不要再自我安慰：「朋友有好的發展，不該嫉妒。不要和別人比較，寫感恩日記感謝這一天吧。」別再用這些話逼走成長的機會。

我現在仍然感到自卑，因為這世上到處都是比我優秀的人。就收入而言，我在同齡男子當中至少可以排在前百分之五。我非常清楚自己是個新手（所以請過濾一下我的建議）。每當有這種自卑感時，我都會真心地感謝自己，服用十四顆精神科藥物的我充滿了自卑感，所以每天都與只存在於我腦海中的競爭對手搏鬥，比任何人都激烈、實實在在地度過一天。

不過別忘了，嫉妒他人的成就，用鍵盤發洩自卑感的「惡意評論者」與以嫉妒的情緒為動力不斷成長的「惡人」只有一線之隔。幾年後，兩者的人生將明確區分出失敗者和勝利者。

靠自我催眠產生自信
是不負責任的建議

——謊言⑥

人們喜歡充滿自信的人。他們無論何時何地看起來都很樂觀、正向，在困難面前不會失去勇氣，所以很多人常會自言自語：「我做得到！」練習自信。但我認為這是一種非常危險的思維。「毫無根據的自信」一詞打破了「必須具備內涵」的成功大前提。我真心問你，難道你沒有懷疑過嗎？對於毫無根據只靠一句「我做得到」的自我催眠就能成功，這不是太不現實了嗎？

我曾經胖到接近一百二十公斤，當時我害怕與人見面，所以整天只待在家裡看動畫，自信心跌入谷底，可說是零分的人生。有一天，偶然在自我開發書上讀到：「只要有自信，人生就會發生變化！」我「啪」地拍響額頭，「是啊！我也可以做到！」我終於覺醒了，走出家門，面對素不相識的女子，我還是鼓起勇氣和她說話。我對自己過度的自信很滿足，想像著玫瑰綻放的未來。結果怎麼樣呢？我沒有得到任何回應。於是我的自信跌破谷底，澈底粉碎。我以為我的人生是零分，但實際

上更糟，是負的人生。

我改變策略，開始減肥。開始做以前總是逃避的運動，抱著征服圖書館內所有書籍的心態，幾乎是住在圖書館裡。好幾次想放棄一切的心情湧起，實際上也有過筋疲力盡逃回安樂窩的時候。但是第二天又去操場跑步，又去圖書館看書。幾個月過去了，我的心裡逐漸充滿真正的自信，而不是透過自我催眠產生的自信。因為瘦了，以前不合適的衣服開始適合我的身體。因為看了很多書，對話的素材變得豐富，人們逐漸開始對我產生好感。不是勉強注入的自信，而是自己親手爭取的自信，可以有智慧地看待人生，並以此為基礎制定實用的策略。

我並不是說在絕望的現實中，為了保持自信而努力的態度不好。保持積極正面的心態很重要，但並不是所有人都能夠這麼想。某種程度來說，自信心也像是與生俱來的才能。戰勝劣勢而成功的人不僅要保持自信，更不能停止努力，華而不實總有一天會露餡的。

有時用現實主義，甚至悲觀一點看待情況。冷靜地面對，找出解決問題的辦法。認為自己過著最糟糕人生的想法，會在背後推你一把，讓你開始做些事。不過有時也要樂觀一點，從長遠來看，只要這樣堅持不懈地努力，一切終究會順利解決。這時的樂觀，與不做任何努力合理化自己的行為，在虛假的自信中浪費人生的樂觀完全不同。不要忘記，惡人的成功是從悲

觀和樂觀的絕妙平衡出發的。

　　正如 PART 1 所說明的，我們生活的資本主義世界比過去更優化，所以要積極思考，但是不能陷入不經過任何努力就能成功的樂觀主義中。如果那樣，一年後你還是會坐在同樣的位置喃喃自語：「一切會好起來的……」

設定目標真的有助於實現夢想嗎？
——謊言⑦

　　以前曾看過韓國花式滑冰前國家代表選手金妍兒的採訪。對於「做伸展運動的時候會想什麼」的提問，她笑著回答：「什麼也不想，做就是了。」彷彿覺得怎麼會問這種問題呢？

　　她的回答包含了非常出色的洞察力。目標有時會使人僵化，有些人會早早制定週目標、月目標，乃至全年的目標，但他們真的完成目標了嗎？不，別說全部實現了，反而還因為自己制定的目標，而一直承受極大的壓力。

　　你知道如果執著於目標，反而會遠離目標嗎？有些人為了達成目標而制定完美的計畫，卻把真正該做的工作往後推。他們對自己的所作所為賦予太多的意義，他們不知道制定目標、制定計畫也會消耗不少能量，尤其是人們經常採取的方法就是制定達成關鍵指標的時間，然後以那個時間為標準，逆向推算各階段工作的完成時間。這是經由小目標來實現大目標的想法。

　　即使只是在日曆上標記，也會讓人感到很滿足，感覺今天

該做的事好像都做完了。就這樣一天過去了，但是從現在起面對的只有挫折感。因為完美計畫總是會有意想不到的變數介入。例如，已經定好了週五早點下班回家要看哪些書，但上司卻突然說要聚餐。一想到計畫被破壞，整個週末都會感到不愉快，對上司感到不滿。像這樣不得不做的事情都被認為是「不必要的事」，不滿逐漸升高。

就在昨天，看著滿滿的日程表，我突然感到莫名的憤怒。從那時開始，計畫不是達成目標的「工具」，而是監視和折磨自己的「懲罰」。

在公司上班卻夢想著經濟自由的人，對所有基本業務都會感到無聊，感覺浪費時間。但實際上要想取得成功，有時必須學習和熟悉看似沒有意義的業務，只是大多數人在這個過程中會想：「我可不是做這種小事的人。要實現未來的目標，不能把時間浪費在這些事情上。」內心的自我變得非常強大，最後在內心交戰之下很可能一股衝動就辭職了。當然也有成功的人，但客觀來說，這是風險非常高的決定。

雖然剛開始帶著滿滿的抱負工作，但為了實踐遠大的目標而制定的詳細目標和計畫，久而久之會變成像是枯燥的工作一樣。「我不是為了做這種小事才進公司的。」這種自我膨脹的意識湧現，充滿熱情的年輕職員會突然感到倦怠，中途放棄或辭職。

不要一開始就全力放在設定目標和計畫，把所有日程都安排得緊緊的。如果一定要制定目標，就必須要有靈活性，在日曆上記下真正重要的日程就好，每隔一段時間檢查一次進度和達成率，以這種方式輕鬆推進。不要忘記，只要踏實生活不躁進，就能一步一步接近目標。

　　但也不要誤會，這並不是要完全否定設定目標和計畫的效用。如果你是個澈底「計畫型」的人，反而可以從詳細的進度安排中獲得安全感和滿足感。人們經常問我：「為什麼要看對事業沒有幫助的人文學書籍？」我借用金妍兒選手的話來回答：「讀就是了，讀書還需要什麼理由呢？」

　　對於未來，我總是只設定方向，不強迫賦予每個行動意義或試圖完全掌控。對於廣泛閱讀人文學、歷史、科學、心理學等各種領域的書籍，我也只是覺得總有一天會對我有幫助，並沒有一定要得到什麼收穫。再怎麼說，持續不斷閱讀至少會讓我比昨天的自己聰明，未來成功的機率也會提高，在這樣合乎邏輯的想法下，用心過每一天。

真正的惡人，
由追隨者完成

潛力股的法則

　　現在，你肅清了妨礙惡人生活的內部（情感）和外部（他人）的阻礙，了解朝向成功全力奔跑的各種技能。最後，還一一驗證了陷入急躁的一般化錯誤以及被盲目散播的自我開發公式。如果一直讀到這裡，那麼你已經做好走向世界的準備了。雖然讀一本書不會瞬間改變人生，但你至少找到了方向。

　　但是惡人的生活不能獨自完成，如果希望得到更多成長與成功，追求更高層次的成就，那麼你總有一天一定要回到這裡翻開書再讀一次，因為惡人的成功是靠著追隨者完成的。費里斯在自己的著作中說道：「只要有一千人追隨，就一定能成功。」但是製造一千名追隨者需要很長的時間，不是現在馬上就能實現的目標。

　　所以我想提出可實現率更高的目標，無論你做什麼，都會得到相信並跟隨你的「四個追隨者」。重要的不是所謂的「人生導師」，而是「追隨者」。身邊能有一位值得尊敬的導師啟發你、給予刺激很重要，但是觀察一下那些成功人士，他們都

有追隨者。我之前說過，要想成為「成功的代表」，必須經歷「成功的追隨者」的階段。現在你身邊應該要有追隨者。

　　追隨者會讓你的心產生變化。人只要遇到志同道合的他人進行交流，會刺激分泌催產素這種正向荷爾蒙，由此獲得的心靈安定鼓勵你更加努力工作。所以比起一般人際關係，與靈魂和目的一致的人相遇，會讓我們更積極、活躍。與其認識許多泛泛之交，還不如擁有雖少數但對你的言行充滿熱情和信心的追隨者比較重要。

　　還有一點很重要，之前在社交智商那一章討論過，如果你沒有突出的魅力和能力，那些層次比較高的人不太可能會追隨你。雖然很殘酷，但這就是現實，因此你要改變方法。

　　投資者們一致稱讚的投資方法是「價值投資法」，也就是選擇未來成長獲利可能性較高的績優股投資。這個方法也可以套用成為「追隨者優先主義」，也就是觀察那些有潛力的人，先了解一下他們的能力。不是現在就很偉大的人，而是要尋找將來會「一起偉大的人」。當你確信找到了，就積極投入時間和努力。他們會在不知不覺中自動成長，並給予你幫助。尋找尚未開花的幼苗，不要遲疑就親近他們吧。

　　尋找潛力股的方法有很多，仔細觀察周圍，你會發現有些平常不起眼的人，會在沒有預想到的瞬間展現出讓人印象深刻的一面。記得在大學上寫作課的時候，有一個平凡而內向的同

學也修了那門課，沒有人特別注意他，是個沒有存在感的人。但他在那堂課居然獲得了 A+，全班五十名學生中只有二名學生獲得了 A+。他自己也很意外，不知道自己能力這麼強大。

後來我開始接近他，厚著臉皮向他要聯絡方式，慢慢累積交情，可惜的是後來他並未和我走同樣的道路，但我並不後悔當時先向他伸出手。能發現這樣的潛力股並主動出擊，對我就是一種收穫。如果因為感覺不會一起工作，覺得一定會被拒絕等理由卻步，就是傻瓜。投資不代表必須用錢，只要常常與他們見面，鼓勵他們，經常寫信或問候，這樣就足夠了。

或許你無法得到回報，但那又怎樣？發一則訊息用不了十分鐘，更何況不需要天天聯繫，二、三個月問候一下，給對方「我沒有忘記你」的印象就足夠了。不要吝嗇付出你的心。

我找到的「潛力股」中，有一位很久以前就開始準備法學院考試，但連著好幾年成績都不理想，但是我知道，比起能力，他更缺乏的是自信。我相信只要填補這個部分，他一定會成功。於是在他準備法學院考試的期間，我持續寫信鼓勵他，就算他不回信也不在意。當時我的狀況也不好，但他生日時一定會寄一些錢給他，告訴他：「因為不知道要挑什麼禮物，乾脆直接寄錢給你，希望你不要有負擔。」

我想你應該知道這故事的結局吧，如果不是好結局怎麼會寫進書裡呢？幾年後，他考上法學院並通過了律師考試。他第

一個聯繫的人，就是在最艱難時期給予支持的我，現在我獲得終身免費接受各種法律諮詢的特權。當然我公司有法務組，裡頭不乏大型律師事務所出身的律師，但遇到無法向法務組諮詢或個人需要時，我會毫不猶豫地聯繫那位朋友徵求意見，而他當然會盡最大努力幫助我，就像我過去對他那樣。

可以共享熱情的盲目挑戰者
——第 1 個追隨者

　　那麼我們應該最先給哪些潛力股愛和關心呢？第一位選手是分享熱情的「盲目挑戰者」。在演講中，一旦有人鼓掌，其他人也會跟著鼓掌。因為熱情是會傳染的。

　　凡夫俗子胸無大志。一個人無論提出多麼遠大的目標和藍圖，如果沒有人支持，周圍都是些毫不關心的人，那麼目標就只是空虛的吶喊。因此，身邊必須存在對你的野心具有巨大熱情的人。但是你無法期待他們具備專業能力，只要關注他們的熱情就好。選擇認同你的想法，會向周圍的人暗示你的優點，即使士氣低落也能積極突破的人。如果「選」這個字聽起來太算計了，那麼就改成，把他們留在你身邊當朋友。

　　為了優化搜尋引擎，我曾聘用過該領域的專家，是在業界廣為人知，甚至還有人還說「不找他就是傻瓜」。但是在面試中第一次見到他的時候，讓我留下某種無法釋懷的感覺，他似乎對我的野心和追求的價值不感興趣。雖然很不安，但我仍違背了自己的「追隨者原則」，錄用了他。

最終還是出現了問題。工作不到一個月，他就開始胡作非為了。不照公司的要求做，卻按時領走薪水。雖然警告過，繼續這樣不負責任會把他解僱，但他絲毫沒有改變，而且像是反抗一樣，工作處理得更草率。結果我浪費了六個月的時間，加上不少支出費用，搜尋引擎優化工作也沒有完成。一想到因為一時間的虛榮，沒有確實選出能共享熱情的職員，就痛苦了好久。

不能被一時受挫打敗，我重新發布招聘公告，除了我之外的其他主管這回也以能力和成果為標準，不再迷信名氣。而我完全被一個遭到其他主管反對的應徵者吸引，他是一名毫無經驗的人，自然也拿不出值得認同的成果。但是他熱情洋溢，他說：「我沒有經驗，公司當然沒有理由選我。但如果你們給我機會，我願意無薪工作兩個月，再由你們評價，決定是否繼續僱用我。」最後我不顧大家的反對錄用了他。

他沒有一開始就嶄露頭角，但他自動加班，隨時向我詢問公司的未來展望。搜尋引擎優化的成果會根據個人實力差異產生巨大影響。已經嘗到過一次敗績的管理階層毫不猶豫地表示要解僱他，但我並沒有動搖。

令人驚訝的是，不久之後，他就開始瘋狂地展現成果。在某個入口網站上以指定關鍵詞搜尋，公司網站就被披露在最頂端。但是他並沒有因此向公司提出任何要求，一開始沒有人看

好的他，持續展現著成果，不到二個月我就正式錄用他，給他豐厚的薪資和獎金，他終於得到應得的報酬。

幾個月後，他接到了其他公司的挖角，條件比我們更好。我其實並不意外，這個世界喜歡充滿熱情的挑戰家。但他說要繼續留在我們公司，我幫他加薪，同時也對他說：「只要有更喜歡的公司出現，你隨時都可以離開。」我對他已經產生極高的好感。不僅僅是因為他的成果，連公司其他員工都被他的熱情感染，集團化的熱情成為公司新的「團隊精神」。他已經為我們這支球隊打出好幾次全壘打，他的未來怎麼樣呢？就由各位推論吧。

如果你要和某個人合夥，或者只能和一個人同舟共濟，不需要苦惱，只要選擇熱情洋溢的人，他會為你帶來比你想像中還要多的東西。

■ 實踐 ■

　　好好觀察一下周圍，你會發現有些人天生樂觀，即使現實生活遇到挫折，他們也會以「一定可以做到」的心態提升士氣。但僅憑能力，球隊無法運轉，需要有人火上加油。當你陷入低谷或在巨大的挑戰面前蜷縮著身體時，他們會成為趕走無力的動力。我在寫這篇文章時遇到了一個非常體貼聰明的編輯，每當我想放棄出版的時候，他都會親自見我或打電話，真心支持我，給我勇氣。這本書原本有很多瑕疵，如果沒有他，根本不可能問世。

實踐筆記

■ 驅使你完成工作的澈底設計者
——第 2 個追隨者

　　很抱歉我要再次潑冷水，但僅憑熱情是無法成功的。「盲目挑戰者」經常做出必須承擔巨大風險的選擇，他們要麼強行展開還無法承擔的大規模事業，要麼高喊「我可以做到」然後率先投入。鼓舞士氣是好事，但要想取得實質的成果，就需要第二個追隨者，就是「澈底設計者」。

　　澈底的設計者是極度計畫型的人。他們會將職員們漂浮在空中的熱情打落到現實，將停留在妄想階段的夢想編輯成具體計畫。他們對公司的財政、業務流程、投資成本與預期利潤等都很熟悉。選拔他們的標準很簡單，當我提交事業計畫書或興奮地發表展望時，聽完表情變得僵硬的人，就是最出色的「澈底設計者」。他們不會被周圍的氣氛左右，而是仔細考量該從什麼地方著手實現這個目標。

　　成為惡人之前，我身邊也有這樣的追隨者。曾和我一起參加過學生會的他，從日計畫到月計畫，把所有的日程都寫在筆記本上進行管理（和我是完全不同類型的人）。寫文章時幾乎

沒有出現過錯別字或文法錯誤，無論做什麼都會在規定的時間內完成，有需要日後再加強。換句話說，他是對盲目生活的我來說，不可或缺的人。我立即邀請他參加我的組織，稱頌他的能力，度過了愉快時間。

到目前為止，他也是我一生中給我最多建言的人。一言以蔽之，他就像一把萬能鑰匙。在我自己以追隨者的身分鍛鍊能力時，也從他身上學到未來需要的知識。他總是把寫提案書的樣式和要領、可以最快實行的行銷方式、如何取得資金等資訊整理成一頁給我，讓我的腦海中瞬間出現地圖展開的感覺。他傳授的知識中，雖然也有一些與惡人的武器相衝突的內容，但是對於連這些知識都缺乏的我來說，真的給了我莫大的幫助。

如何讓澈底的設計者站在我這邊？就是要知道他們的弱點。因為他們比任何人都具有現實的視角，所以有時會被悲觀主義所束縛。在計畫大事之前，需要做的工作會在腦海中同時展開。別人眼中看不見的不足之處和需改善的點會一直浮現，一刻也不能鬆懈。就是在這個時候，你必須在他們身邊鼓起勇氣說：「你一定可以做到。」反過來成為他們的「盲目挑戰者」。

但是，在沒有具體計畫的情況下，不能只注入熱情，首先要比他們更了解相關知識。比起當個出題老師，應該成為備課更用心的老師。剛開始要高度評價他們的能力，為他們加油，

給他們信心。他們一定會向你詢問解決方案，這時以事先準備好的資料為基礎，提出成功的根據和機率。他們一定會迷上你的。

　　還有個要注意的地方，就是不能過度期待他們的創意性。經營事業以來，我在不知不覺會把人分類，有人可以從〇到一，有人可以從一到十，有人可以一直維持在十。「澈底的設計者」就是能維持現狀的人，所以不能強求他們做出〇到一的成果。把對的人放在最能發揮自己實力的地方。

他們的作用是參謀，從現實主義的觀點來幫助你，給你建議。我在選拔澈底的設計者時，會考量兩點。

第一，準時。更準確地說，是會比約定時間還早到的人。雖然這是個小細節，但我透過這些發現，準時的人通常都能好好執行計畫、做好充分的準備。

第二，擁有乾淨俐落寫作能力的人。我們在之前學到，好的文章要有故事。寫文章意味著回顧自己的想法，並以此為基礎發展出某種理論。因此，從寫作能力就可以推測出那個人的類型。最能了解澈底的設計者現實主義思維的方法就是寫作。不要期待他們寫出辭藻華麗或富有創造力的文章。要以文章結構有多嚴謹，是否具有邏輯性和完整性，有無錯字等這些標準來進行評價。

實踐筆記

避免最壞情況發生的樓上觀察家
——第3個追隨者

第一次接到「蝙蝠」的合夥提議時，我有一個朋友客觀地幫我分析情況，他說：「這個人的人身邊看來似乎沒有可以取代你的人。」但是接到提案後的二個月卻杳無音信，我度日如年，而那個朋友對我說：「不要擔心，他一定會聯繫你的。」多虧了朋友的話，讓我堅持度過那段時間。直到現在，他還是我最信任的追隨者之一。

有些人雖然執行能力不足，但總是能做出正確的判斷。他們在人生的重要十字路口前做出適當選擇，並迅速走向成功之路。以股票投資為例，在市場暴跌而陷入恐慌時，他們會大膽低價購買股票，靜待日後獲利。我稱他們為「樓上的觀察家」。

過了很久之後，我問那位朋友當時怎麼確定我會合格？他做了非常實際的分析，讀過我接受諮詢後上傳的文章，思考蝙蝠會怎麼看我。

「你想想看，一般來說，為了明確傳達內容，寫文章的人

很可能無意間會寫下自己的履歷。但是你完全沒有提到你念哪間學校、什麼科系。當然我知道你不是刻意的，但是站在公司的立場，找你這樣的人一起工作是風險很高的選擇。因為履歷是最容易判斷一個人的管道。如果不是很急迫，其實沒有必要向沒有寫個人學經歷的你伸手。」

雖然聽了心情不是很好，但字字句句都是正確的判斷。進入公司後我更確認了他的分析有一定的準確度。朋友補充說：「不用害怕學經歷勝過你的其他人，如果資歷真的那麼好，說不定不會想進入這間還沒完全證明價值的公司啊，你就帶著自信挑戰一下吧。」

結果如朋友所料我錄取了。「樓上的觀察家」會看到我錯過的部分，客觀地分析情況。但是，對待他們時要注意一點，不要期待他們完全誠實，當然如果本來就是誠實的人，那就再好不過了。不要忘了，我們不是要找一個具備所有能力的追隨者，而是在尋找四種不同特殊能力的追隨者。與這種類型的人進行業務聯繫或共同合作，效果可能沒有預期的大。但他們的判斷力會在自己沒有損害的情況下大放異彩。若是與「樓上觀察家」類型的人一起合作發展事業，他們的視野會比我們期待的窄得多。

基本上這種類型的追隨者具有中立的看法，沒什麼特別的好惡，只透過自己掌握的事實給出建議。但是這些人之中也有

會對每件事都過度批判的極端悲觀主義者，他們總是會做出最壞的打算。

我的副代表 Y 就是那種典型的悲觀論者。任何工作投入之前，他都想著最壞的狀況。有時和他交談時會覺得他擔心的點很奇怪，但我知道，因為他的過分擔心，我們才能避免很多風險。

前面說過，我之前公司裡的瘋狂經營者「惡棍」欠下了上千萬的債務。當時他向我們強調「可以實現經濟自由的自動投資程式」即將問市，應該趁早將公司資產投資到那裡。他是一個能言善辯的演說家，我們傻乎乎地相信他，只憑一番話就不惜連私房錢都想拿出來投資，副代表 Y 當時還只是和我同一位階的職員，只有他跳出來反對，說那個只有在夢裡才會發生，苦勸我們清醒一點。於是我在最後一刻收回了我的錢，雖然惡棍因此更對我恨之入骨，但我的錢卻安全了。當然，事後證實並沒有那個程式，驗證了 Y 的判斷。

又過了一段時間，Y 告訴我，他對一名職員有種不對勁的感覺。我喜歡有邏輯的對話，他這樣不合邏輯的意見我沒有特別在意，但還是聽從他的建議，並未把重要核心資訊讓那個職員知道。幾個月後，那個職員突然辭職，結果是自己開了一家公司想與我們競爭。多虧了 Y 的消極想法，才阻止了危機。

人生就像一場航行，就算你成功躲過九處暗礁，若是最後

一個躲不過，一樣會擱淺。悲觀主義者無處不在，他們所說的話不必照單全收，但是，當他們偶爾有特別的擔憂時，就可以留心一下。Y 從基層做起，因為特有的細心和悲觀主義，現在已經升到副代表的位置。當然他的專業能力出眾，但同時因為他比任何人都擔憂未來，會優先考慮最壞的情況，所以大家也認同他成為管理者的能力。

他最近常習慣說：「萬一我被開除的話⋯⋯」偶爾會覺得他實在是想太多，但是看到因為悲觀主義而擔心被開除的他更努力工作，就覺得身邊還真的需要這種牢靠的隊友。

最後，我要提出最重要的一點，悲觀主義者提出的建議在工作接近完成階段最好要聽，即使到了最後得推翻一切，也必須這樣做。因為如果在一開始就聽取他們的各種悲觀論調，工作根本無法進行。在開始工作的階段，可以依靠第一個追隨者──盲目的挑戰家的熱情；在工作尾聲階段，則需要傾聽時時假設最壞情況的追隨者──「樓上的觀察家」的聲音。

　　有件事不能忘記。聰明的人不見得判斷能力也一定好。在過去八年進行了超過七千次的諮詢，我觀察到無數資歷和決策能力不相符的案例。因此，在評價追隨者時，他們畢業於哪個學校、成績好不好都不是值得考慮的重點。推測他們有無智慧的最好方法是看他們讀了多少書，讀書基本上是糾正和提高判斷力最有效的手段。劉備並非平白無故三顧茅廬找諸葛亮，請他出來輔佐。我會和人們多交談，觀察對方是否能夠引經據典，把自己的想法有邏輯地表達出來。因為我用卑劣讀書法掌握了很多書的核心內容，可以大概知道對方提到的是哪本書的內容。當然，這只是我個人的方法而已，如果你想找尋有能力的追隨者，你自己也必須擁有一定的知識水準，內力俱足，才能吸引同樣有內力的人。

實踐筆記

可以交付一切的忠誠的安定主義者

——第 4 個追隨者

　　無論擁有多麼出色的能力，一個人也無法承擔所有責任。如果我到現在還要一個月負責九十件諮詢，又要負責公司所有營業、行銷、人事管理的話，我早就油盡燈枯了，所以必須分工。這時就需要「忠誠的安定主義者」給我們幫助。

　　這些人必須是有毅力的人。一般創業的時候，人們都希望和主動型的人才一起工作，因此會尋找一方面忠於自己，同時又能產生創意性想法的人才。但不能這樣想，安定主義者或許不夠主動，也不是常常有新奇的點子，但也不能因此認為他們無能。別忘了每個追隨者都有自己專屬的能力。

　　忠誠的安定主義者會每天誠實地完成交辦的任務，不要低估他們的誠實，他們是你成功最重要階段的「委任」對象。幾年前，我還是一個凡事都要自己處理才放心的人，甚至是和我沒有直接關係的事也會試圖解決。在那段期間，我沒有提出任何創意性的想法，成了一個不信任員工的人。當我意識到自己犯了一個巨大的錯誤後，便開始僱用追隨者來代替我管理。看

到他們忠實地處理平時我無法仔細處理的工作，我心裡才有了從容，大腦得到充分的休息時間，結果比以前得到更豐碩的成果。

為了更重要的事情，可以把相對不那麼重要的事情委任給他們，但有幾點不能忘記。第一，不要一開始就期待他們有很強的能力，他們需要再教育。他們常常會害怕做判斷，當出現脫離既定規則和計畫的變數時，就會陷入混亂。因此，通常至少要先教育三個月以上再交給他們工作。更好的方法就是制定他們可以自己學習的手冊。過去面對面教育會消耗很多能量，現在可以利用事先製作的影片進行線上授課。

第二，要明確給予金錢報償，實際上對所有追隨者都應該如此，尤其對忠誠的安定主義者更是。他們跟隨你這個船長，希望行駛在安全的航道上，穩定地賺錢，他們想獲得經濟穩定大於經濟自由。他們的價值觀可能和您截然不同。

看到這，也許你會對「忠誠」感到反感，感覺就像把人區分成主僕一樣。聽過「三人行必有我師」這句話吧，三個人同行，必有向其中一人學習的地方，追隨者的原理也是如此，在向我獻出忠誠的人身上也有值得學習的地方。對於剛進公司不久，負責確認我的諮詢日程、代替我跑腿處理雜務的菜鳥職員來說，我可以教給他的就是對待工作的態度、工作方法等，讓他每天都能從工作中學習。惡人和追隨者不是垂直的主從

關係，而是夥伴。別忘了，他們幫助你實現工作和生活的效率化，讓你向成功前進，而你則是幫助他們成長的存在。

　　他們會出乎意料之外地喜歡跟隨你。如果是男性荷爾蒙分泌旺盛的人，恐怕很難認同這句話。因為那種人基本上厭惡跟隨別人或依賴別人。但是對忠誠的安定主義者來說，惡人的領袖風範和領導能力反而能讓他們感到安心。

　　不是每個人都想當領導者，也沒辦法那樣。不要認為給他人指示或規範他人的工作方式，對方就一定會感到不舒服或不滿，有時候他們反而希望得到你的指導和控制，這樣才能安心並充分發揮自己的能力。但不要忘了，你也必須給他們人格上的尊重。

■ 追隨者如何改變你的生活？

　　很多企業家認為成功的要素是獨特的創意和企畫、不屈不撓的熱情和行動力等。但即使具備這些，如果沒有支持你的追隨者，就不可能讓事業成長。看看那些不管三星手機功能多麼強，還是無條件只使用 iphone 的人吧。這就是追隨者的力量。不需要轟轟烈烈的開始，如果你很難找到前述那四種人，就在周圍找一個你最需要的追隨者。

　　追隨者會以什麼方式改變你的生活？因為你還沒有經歷過，所以很難想像。以下就以我的經驗為基礎，分享在追隨者的幫助下獲得的利益。

聲譽保護

　　追隨者們會提高你的聲譽，在你看不見的地方向他人稱讚你或傳播你的事蹟。面對批評你的人，他們會代替你出面反駁，「我認識的他絕對不是那樣的人！」可以說是保護名譽的安全裝置。

訊息提供

提供對你有幫助的訊息。如果冷靜地分析，這個行為對他來說一點好處也沒有，但人並非事事都憑著經濟原理行事。因為喜歡你或尊敬你，所以他可以擺脫經濟學邏輯，願意無條件幫助你。過去我曾懷疑母親患了失智症，當時就從曾找我諮詢的許多客戶身上得到各種專業醫學訊息。

富者恆富

如果身邊有分享抱負和目標的追隨者，就會出現類似富者恆富的現象。獨自在健身房無聊地在跑步機上跑步的人，和擁有同好可以定期運動的人，誰減肥成功的機率比較高呢？應該是後者。因為可以互相鼓勵，互相幫助。因此，如果與追隨者一起行動，必然會出現更好的良性循環。看看那些身材好的人身邊也都是身材好的人。在一起的時間久了，自然會互相影響，因為共享，所以才會出現富者恆富的效果。

「王冠重量」賦予的祝福

追隨者的數量越多，你就越會進步。俗話說「職位造就人」，我在沒有任何追隨者的時期孤軍奮戰。後來有了那四種類型的追隨者，王冠的重量逐漸加重。如果我不能像他們那樣聰明，他們可能會對成功後不受任何人支配的惡人生活失去幻

想。於是我閱讀更多書以增加自己的知識，隨著時間流逝，我成為代表，自然產生了巨大的責任感。事實上當上代表並沒有想像中那麼好，因為欲戴王冠，必承其重，這表示我必須要有更大的進步。現在的你可能很難完全理解，但總有一天你也會有和我相似的經歷。不要以他人的視線造成負擔為由而逃避，要決心讓自己擁有能夠讓他們的大腦起立鼓掌的強大知識量。

追隨者會引來追隨者

　　人們總是想加入一個很棒的群體。如果你擁有了那四種類型的追隨者，很快地就會再增加十個人，然後十個人會變成一百個人。聽起來像謊言嗎？比起擁有一百名訂閱者的YouTube 頻道，人們通常會更想觀看擁有十萬訂閱的頻道。追隨者優先主義會隨時間讓成功機率越來越高，因為追隨者會引來追隨者，粉絲會召喚粉絲。

集體智慧的獲得

　　好的決策是從悲觀主義和樂觀主義的平衡中發展，如果你正在準備創業，一個判斷就會決定成功與失敗，這時，追隨者集團會在你獨自苦惱無法前進的時候，成為救援軍，協助你過濾在逐漸變窄的視野中出現的錯誤選擇。

這些看起來很陌生吧，那是因為你還沒有經歷過。成功人士具有描繪未來面貌、治理現在的能力。相信將來有一天，這些好處能將你的生活提升到更高的層次，描繪美好未來。

　　最後還有一件事要明白，前面提到過如果遇到想親近的人，我會厚著臉皮去和對方接觸。不要顧慮別人怎麼看，要與追隨者交流你的靈魂。但另一方面，追隨者也不是隨隨便便就會跟隨你，如果你只是利用他們作為成功的跳板，我敢保證，他們也會用同樣的態度對你。重要的是和他們交流靈魂，而不是乞討人氣。

第十章

有必要的話，
在他們面前像個瘋子一樣

■ 現在你的夢之隊伍組建完成了

　　接近追隨者並不難，在具備惡人的核心能力後，只要堅持不懈地表現出來，他們就會出現，而且人會被了解自己價值的人所吸引。不要只關注他們的缺點，要讚揚他們的卓越能力。還有，不要害怕被拒絕，放下自尊心，先打電話，實在太忙了就發簡訊吧。請對方吃飯，傳達想和對方一同前進的真心。就算被拒絕又如何？但如果不嘗試，機率就是〇。哪怕只有一半的成功機率，先向他們釋出善意絕對是有利的。

　　但也不是只有關心，還要好好管理，要體貼他們，讓他們時刻對你忠心耿耿。不要因為我常使用「管理」一詞，就把追隨者當作投資標的。他們是具有人格的人，如果像管理漁場一樣機械式管理，總有一天他們會察覺到。所以要真心對待他們，就像他們給你的愛一樣，你也應該珍惜他們。

　　我的工作沒有平日和週末的界限，工作總是堆積如山，醒著的時間大部分只想著工作。這是我要的生活方式，因此很難利用個人時間——與追隨者見面或累積交情，因此，我努力用

我的方式與他們進行精神交流，對他們遇到事業或人生苦惱時真誠地提出建議，必要時向我所知道的前百分之一的人才請求幫助，這都是因為他們給我的幫助，我也應該回報以相對價值的東西。

再次回想身為惡人應該追求的目標，我們的目標是創造眾多的追隨者，如前所述，可以將追隨者分為四種類型，再以追隨的程度畫分：

嫌惡群＜中立群＜好感群＜狂熱群

越往右，對你的忠誠度就越高。如何擁有好感群和狂熱群，且將他們留在身邊呢？

可以藉助古典的力量，例如尼古洛・馬基維利寫的《君王論》，就詳細描述如何管理自己的人民並體現權威的方法。但《君王論》是在暗殺、背叛、叛亂和戰爭頻繁的時代寫的書，雖然現代社會也有各種明爭暗鬥，但與過去相比安全多了。在有人偷偷下毒或暗殺你的可能性微乎其微的現代社會，比起仿照《君王論》等書中的建議，我更希望你能用更幹練、更現實的方法將追隨者聚集到身邊。

向追隨者樹立權威最好的方法，就是證明自己的能力，如果有人不承認你的權威或出現不一樣的聲音，可以用在 Part 2

學到的「名分理論」進行適當處理。 憤怒是最後的手段，但是有時候也必須發怒，當屬於你的好感群和狂熱群受到他人攻擊時，就要當作是自己受到攻擊一樣憤怒。

有個組長在組員當中評價並不好，領導能力和權威性不足。有一天，他看到另一組的組長訓斥自己這組的組員，當場毫不猶豫地對該組長發火，保護自己的組員。惡人的追隨者管理就是這樣。雖然不明就理就和另一個組長吵架多少有點不理智，但那天之後，組員們都對自己的組長刮目相看。

惡人常暴露在攻擊中，因此，想要樹立權威，必須時刻做好抵抗攻擊的準備。樹立權威是危險的，而需要真正動怒的瞬間，是你和你的追隨者們受到攻擊的時候，就像家人受到攻擊一樣，要強烈對抗。即使沒有真的吵架，也要表現出隨時都有戰鬥決心的堅決意志。如果是你的追隨者犯了明顯的錯誤，就說會處理，然後私底下和該名追隨者好好溝通。追隨者接觸到你的這種兩面性，會認為「對外那麼強悍的人，在我面前如此謙虛和寬容」，日後會更加信任和敬愛你。不要在意嫌惡群或中立群，好好保護真心跟隨你的人。

用發自內心的情感來愛你的追隨者。到目前為止所說明的內容只是冰山一角。接著再來了解如何用惡人魅力讓追隨者全心向著你。

■ 盡我所能的進化

　　企業為什麼要做標誌？韓國最大通迅軟體 kakao talk 為什麼要用黃色和黑色作為品牌識別的顏色呢？ Google 為何一直保持單純的搜尋畫面？ Apple 為什麼用蘋果做標誌？這一切都是象徵，親切的感覺、單純的感覺、新穎的感覺，所有企業都會設定想要呈現的感覺。惡人也算是一人企業，所以你也應該花費心力塑造你的感覺，也就是形象。

　　把自己塑造成一個象徵，設計一個讓你的追隨者容易辨識的標誌。我喜歡戴黑色的 G-shock 手錶，如果我把手錶放在辦公室忘了戴，員工們看到手錶就會想到我。也就是說，即使我人不在，手錶也成為我的象徵。用一切可能的手段來建立自己的象徵物。你在他人眼中具有什麼樣的形象？有一個心理學實驗，要求參與實驗的男人和女人分別給自己一個象徵，大多數男人都想到漂亮的進口車，女人則是想到香奈兒包等名牌。如果過著惡人的生活，總有一天你會擁有這些，但現在大多數人無法輕易擁有進口車和名牌包，所以我要介紹幾個不用花大錢

就能擁有的象徵。

第一，挑一個你個人的顏色。我到國外出差一定會穿訂製的白襯衫和黑褲子，乾淨的褐色皮鞋。在國外認識的老朋友們都叫我「White Shirt Guy」，這就是象徵，想想賈伯斯的黑色套頭毛衣吧。

第二，設計一些屬於自己的動作。比起說話，人們從表情和身體動作獲得的訊息更強烈。以下是我經常在人們面前刻意做出的動作。

- 在人多的地方，例如演講時，我會像電影慢動作一樣，放緩腳步走上臺。但在辦公室就會走得很快。
- 偶爾靜靜地站著，露出沉思的樣子，有時是真的有煩惱。
- 我說話時一定會看著對方的眼睛。當對方說話時會看一會兒，然後移向別的地方。只要有意識地控制視線，就會讓對方產生緊張感，集中注意力聽我說話。
- 一對一對話中若要掌握主導權，就刻意從容地靠在椅背上，對比之下對方會顯得比較著急。
- 無論參加什麼聚會都盡可能展現自然、游刃有餘的樣子。又或是像不清楚自己在座位在哪，在人群中間站一會兒，大家

自然都會把集點放在你身上。

　　第三，找到屬於自己的說話方式。這世上沒有獨一無二的東西，學習身邊比我成功、比我聰明，口才比我好的人說話的語氣或習慣。我在大學時期，也花了不少心力模仿能言善道的朋友說話的訣竅。經過幾年的練習，當與不認識我的人交談時，都會得到講話很有知性的評價。人腦內有「鏡面神經元」的構造，長時間留心觀察某人的語氣和行動，不知不覺中就會模仿起來。

　　第四，不要忽視社群網站的價值。很多人認為把時間花在Instagram 或 Facebook 等社群網站上是巨大的罪惡。最近出版的許多自我開發書籍也對此給予嚴厲的評價，認為「社群網站是毀掉人生的捷徑」，但這是狹隘的觀點。當然社群網站有負面影響，因為看到與我毫無關係的他人優越的一面，會開始陷入自卑感，而且越陷越深，但是我認為這也可以作為刺激發展的動力。

　　還有更大的好處，就是可以省略向他人一一介紹自己的麻煩過程。社群網站可以在你睡覺的時間向世界宣傳你的存在，上傳到 Instagram 的照片、上傳到 Facebook 的貼文、在部落格上記錄的日常等集合在一起，就成為專屬你的資訊，構築成你

的世界。只要稍微多費點心思，就能塑造出日後能吸引追隨者的各種形象。下點功夫拍照，花點心思寫文章。

　　再給一個建議，不管在社群網站上是什麼模樣，都要保持均衡。如果你只上傳健身肌肉照，那麼就只會吸引有限的追隨者。當然會有人對你迷人身材的照片反應熱烈，但如果一直重複同樣的模式，那些人也會感到厭倦而離開。和孩子一起拍的照片、寵物照片、閱讀的照片、被無數朋友包圍的照片、和同事一起工作的照等片……適當組合能夠同時展現你的社交性和優點的照片是非常重要的。

用愚蠢、低效率的方式
提供真正的價值

　　最近，周遭的人常評論我：「孫秀賢做事實在太笨了。」但我工作時的座右銘是「追求極限效率」，為什麼會出現這種背離呢？因為確實有些工作領域對我來說比較不熟練，那就是為我的追隨者提供價值的工作。

　　很抱歉我用「價值」這麼抽象的詞彙，但無法用其他更簡單的詞代替。這裡的「價值」是指回饋給相信你並購買你這個產品的客戶，也就是你的追隨者利益的總稱。即使需要很長時間，也不能就此妥協，要堅持。短期來看會覺得是損失，因為那個時間可以用來做更有生產力的事情。可是從長遠來看，情況正好相反。

　　我在諮詢時，如果一時想不出可以滿足客戶的建議，我會先說明三十分鐘左右，然後提議過幾天再進行諮詢。從經濟性來看，這種做法對我沒有任何好處，因為我的預約已滿，想要再諮詢至少得等三週。坦白說，只要在表定一個小時的諮詢時間內盡最大努力給予客戶解決方案的建議，我的工作就結束

了。即使延長時間，也不能多收取費用。

但是我的做法是為了給相信我、來找我諮詢的客戶提供「真正的價值」，這不是可以用效率高低來判斷的問題。

聽到「顧客滿意」的口號，人們就會有這樣的想法：「要不要做些贈品送給客戶？年底了，就發送問候簡訊給客戶吧。」不，我認為需要再多一點勞動，你必須承受一點辛苦，才能提供真正的價值。客戶比你想像的要聰明，大量發送的問候簡訊，沒有人收到後會想：「哇！這家公司服務真好，我成了他們的忠實粉絲了，好感動！」雖然發比不發強，但幾乎沒什麼效果。再次強調，客戶比你想像的聰明，聰明的他們會捕捉並記住你的辛苦。

如果諮詢結果判斷客戶復合的機率太低，我會老實告知並退款。不想讓客戶無理取鬧，或隨便誇大復合的機率取悅客戶，那樣做是欺騙，不是諮詢。也許一、兩次可以多賺幾萬元，但是如果欺瞞成癮，就會不自覺把客戶視為冤大頭，你的工作就成了「吞掉冤大頭的錢」。而客戶們也會察覺到這微妙的變化。

就算對全額退款的客戶解說時，我也會至少花上四十分鐘。我會坦率地說明為什麼不再進行諮詢，客戶的狀況為什麼難以解決，我想過哪些策略、為什麼不可行等等，這是對等待超過三週時間的客戶最起碼的禮儀。我心裡也不好過，然而花

時間傳達真心的意見，客戶下次若有需要就還會再來找我，他們會記住我表現出的誠意。

不用做到打從骨子裡為客戶著想，這種決心不是勉強得來的，我也花了好幾年才做到這一點，剛開始只要知道「追隨者」是決定人生成敗的重要因素就夠了。

要抓住追隨者的心，有一個被很多人忽視的方法。我家裡常備著信紙和筆，最親近的追隨者的生日，或是逢年過節、紀念日時，我會親手寫封信，字寫得歪七扭八也沒關係。如果想不出要寫的內容，就把那種心情如實寫下，「因為想寫信給你，所以坐在桌前，但怎樣都無法寫出我的心情，所以很難過。」

在百忙之中親自寫信並不是件容易的事，但是我相信類比＊具有巨大的能量，是讓對方感受到我的辛苦的最佳工具，看到別人為自己承擔辛苦，沒有人會不感動的。

每年聖誕節我都很忙。看我挑選信紙，坐在書桌前親筆寫信給二十名追隨者，大家都說我很笨，但我從未想過放棄，而每年收到信的這些人當中，至今沒有一個人離開我。

＊在這裡作者指的是 Analogy，是一種認知過程，將某個特定事物所附帶的訊息轉移到其他特定事物之上。

第十一章

魯莽而遠大的夢想，
直到世人認清為止

階級理論，看不見的手不會背叛你

　　看著這篇文章的你，心急嗎？別擔心，就像市場裡有看不見的手，人生中也存在看不見的手。這隻手很仔細很公平，將能力被低估的人向上拉，把誇大能力的人向下拉，就像物色著潛力股的投資人一樣忙碌。有一本書叫《祕密》，這本書傳達了「人生會照著信念實現」的訊息，但我不喜歡這本書，如果書中內容修改幾個字，會更科學一點。如果我是《祕密》的編輯，我會把這本書的核心概念改成「努力就能認清世界」，當然《祕密》就無法成為這本書的書名了。

　　為什麼突然提到那本書？而且「努力就能認清世界」這句話是什麼意思？也許有人會這樣問，難道前面的惡人論點終於唱不下去了嗎？

　　不，我要在這本書的最後一章介紹「階級理論」。也許很難接受，但我得說出一個令人不舒服的真相，人是有階級的，就像會考積分一樣，綜合國文、數學、英文等各科的分數來決定一個學生的平均程度，我們的人生也根據幾種能力決定等

級。前面提到惡人的五種必要能力和天生的智力、外貌及魅力、領袖風範、決策能力等都有分數，而所有這些因素的平均值決定了你最終的階級。

值得慶幸的是，這份成績單評分過程非常公正、準確。如果你屬於第一級，現在卻身在第三級中，那麼一隻看不見的手就會靜靜地動起來。首先，第三級的群體會因為你的出現而陷入混亂，因為你是第一級的天才，所以人們會牽制你，然後你會自然地站在聚光燈底下。你的前途大概可以分成兩條路，要麼成為第三級群體中的領導者，要麼就是轉移到其他群體。即使是被趕走，第一級最後還是會回到第一級，第三級就一定會留在第三級的群體中。這沒有確切的原理和具體的理論，但「看不見的手不會背叛努力的人」。

一九八五年，賈伯斯被自己創建的公司趕下臺，因為公司承擔不起他太突出的天分。剛開始看起來會以為賈伯斯不再像創業初期那樣聰明有才能，所以被淘汰，但實際上卻完全相反，看不見的手正將他拉回第一級的位置。

你心急嗎？你覺得到現在一事無成嗎？全世界都看不清你的能力嗎？還是因為沒有得到公司或組織的認同而痛苦？別擔心，看不見的手很忙，可能會晚點出現，但並未故障，最終世界會認清你的才能。然而看不見的手非常冷酷，如果你的能耐沒那麼高，終將會被淘汰。

比起創業者，人們對普通上班族的評價往往較差，認為一般上班族因為沒能力，因為想累積年假，所以才會留在公司，不敢離開去找尋自己的夢想。我不同意這種說法。他們是躲過了無數次淘汰危機的人，如果不是為了配合公司或組織的發展而鞭策自己，那隻看不見的手早就無情地把他們推出公司。會在公司工作十幾年以上並得到認同的人都一定有他的道理。

同樣的邏輯，在公司裡看似平凡的科長是比你想像中更值得尊敬的人，因為他是至今尚未被看不見的手推出去的人，你可以在他身上尋找值得學習的地方。我正在寫這篇文章時，忍不住跑去對副代表 Y 說：「您真是值得尊敬。」不過他似乎不知道有一隻看不見的手存在，甚至一直自責最近變懶了，工作不努力，問我說那句話是否別有用意？這是每天九點上班，工作到凌晨二點才下班的人說的話。我想他是真的有資格受到看不見的手的青睞。

重點不是在公司內或外，我們要銘記，無論身在哪裡，都要不停地奔跑，以免被看不見的手淘汰。惡人相信這個正直的原理會三百六十五天守護在我們身邊，因此不斷努力。「看不見的手毫不留情」，卻給惡人帶來了心靈的從容。也就是說，只要竭盡全力具備高階的條件，就算一時因命運的誤會停留在錯誤的地方，總有一天看不見的手會把你拉到你該存在的位置，這種心理的安全感會讓身為惡人的你更耀眼。

■ 最愛也最厭惡的「休假」

　　環顧周圍，有些人不想休息，卻硬著頭皮休息。我幾個月前去土耳其度假，因為成功完成了好幾個專案，所以給自己二週時間充分休息。我坐在商務艙喝紅酒，欣賞窗外城市夜景，心臟撲通撲通地跳動，「未來還會發生多少有趣的事呢？」想到有二週的時間可以脫離工作就感到非常開心。抵達土耳其的第一天，我吃了伊斯坦堡的特產鯖魚三明治，到附近的酒吧喝一杯清涼的啤酒，世界看起來非常美麗。

　　但從第四天開始，我就感覺無力，感覺一切都變得很無聊。「我充分具備了可以休息的資格……為什麼會這樣呢？」老實說，出國前在機場休息室等待飛機的時間是最幸福的。雖然人人都羨慕我出國休假，但是現在來到了國外卻好像沒那麼開心，我仔細思考，到底為什麼會這樣？

　　結果得到驚人的結論，其實我想工作，我想回去公司寫文章，想和公司的人見面聊聊關於工作的事，我想快點回到工作崗位。或許我真的是個怪人。但令人意外的是，人的確會在工

作時變得更幸福。一項研究針對離職後不再工作純粹休閒，與很快又投入工作的兩類族群進行老年生活的追蹤比較分析，發現不工作的人老化速度比較快。因為不工作了，大腦的刺激減少，運轉變慢，於是沒工作的他們迅速老去。我一回國就開始進行下一部作品，無縫接軌地投入所有工作，這才感到心曠神怡。雖然也會想再去度假，但只是暫時的。

退休人士想重新找工作，可能是因為不想讓家人承擔扶養責任，但更大的理由會不會是渴望找回失去的成就感？如果可以不工作無限休假，真的會幸福嗎？理論上，已經獲得財富自由的人都可以退休了，但是作家賺了一輩子都花不完的錢，為什麼仍然堅持繼續寫作？僅靠音樂版權收益就能保障老年生活的作曲家，為什麼還要繼續製作音樂呢？難道是因為覺得沒賺夠而放不下工作嗎？我不這麼認為。結論是，人類直到死為止都是追求自我成就感的存在。

我在休假前會瘋狂地趕工，明天要做的事情今天就做完，沒事做就去找新的事情做。把體力幾乎耗盡，直到筋疲力盡再去休假。平時不追劇，但在辛苦的工作結束後，回家邊喝啤酒邊看影集感覺更享受的理由就在此。早餐、午餐都沒吃，到了晚餐不管吃什麼都覺得很好吃不是嗎？說我是瘋子？你到現在才覺得嗎？這本書就是一本瘋子寫的瘋狂的書，你不是明知道還一路看到這裡嗎？

有人或許會這樣說：「我一整天玩遊戲就很幸福了啊，星期天在家看整天影集更是最幸福的。」我並不想妨礙你的小確幸，但你所相信並享受的那份幸福真的是你想要的嗎？是不是為了填滿沒有工作的時間，明明不想休息卻硬著頭皮休息呢？如果稍微有點心虛的話，那麼相信我，平日拚命工作或努力自我開發，週末再好好享受休閒生活，肯定會感受到比平時更強烈的滿足感。

危機來臨時，我覺得更幸福

　　你曾經遺失過手機嗎？就算再冷靜的人，在那一瞬間應該也會陷入極度的不安吧。不久前，我在仁川機場丟了手機。在知道手機不見的那一刻，休假什麼的完全都不管了，因為過去數年間收集有關事業創意的所有資訊都在手機裡，手機不見讓我無法正常思考，整個人陷入混亂之中。不知道在寬廣的仁川機場繞了幾圈，徘徊了幾個小時後，終於在某個洗手間裡找到手機。那一瞬間我整個人才完全放鬆，甚至連錯過班機都不自知。

　　玩過高空彈跳的人都異口同聲地說，在登上跳臺之前的壓力很大，無法形容，但跳下去之後，那種刺激的快感會讓人連話都說不出來。很多人因為忘不了那種極限快感，所以不時又再去玩高空彈跳。就像丟了手機後瘋狂尋找的痛苦，在找回手機的瞬間鬆了一口氣，感覺就像擁有人生最幸福的一刻。

　　我認為人生面臨的危機也很類似。也許有人會覺得很奇怪，但我一遇到危機，就會產生壓力和微妙的期待感。那種期

待感是在解決危機後，像重新找回「心中的手機」一樣幸福的期待。這種心情讓我對於人生的任何危機都勇於接受。當然並不是每次都這樣，我也會害怕和不安，但至少在面臨不可避免的危機時，不會做出拋開一切逃避問題的行為，因為我知道只要解決好這個「壓倒性的挑戰課題」，就會獲得巨大的補償。

遇到危機時，我會靜靜地從書架上拿一本書，即使是一本毫無關聯的書也無妨，像是《哈利波特》，我的目的是暫時讓大腦休息。閱讀時，自我成就感會逐漸提高。「在這種危機中，我依然在讀書，繼續自我發展。像我這樣的人應該不多，我具備了前 0.1％的成功資格！」當然你不一定非得照我的方法，如果你覺得直接進入問題核心克服危機更重要，那就去做吧。重要的是在危機面前不畏縮的態度，在心中下咒語：「我不會被動搖！」這與在危機面前泰然自若地閱讀的態度是同樣的意思。

無論是成功解決危機還是失敗了，你都會獲得寶貴的經驗，就算精神崩潰幾天也沒關係。即使遇到困難，也要勇敢地振作精神，盡快回到原位，要練習成熟地處理危機。不管結局是成功還是失敗，你一定會進步的。

附錄

惡人的一天

「真是，又是下午二點……」睜開了眼睛，想想睡眠時間加起來好像還不到三小時。不知道是不是因為前一天吃的安眠藥，頭還隱隱作痛。這是星期一，一整個星期的開始，我卻不像一般人那樣幹勁十足。雖然星期天也自發地工作著，但到了星期一我還是會有壓力。走到廚房把五顆維他命倒進嘴裡，為了激發欲望，我打開**憤怒日記**，熱情又開始蠢蠢欲動，那些讓我憤怒的競爭者，大多數起得比我更早。

快速洗完澡挑選今天要穿的衣服，今天有很多新進員工，如果想給他們留下明確的印象，就不能穿得太隨便。即使天氣有點熱，為了建立**象徵**，還是穿上高級訂製襯衫，搭配G-shock 手錶。時間有點晚，趕緊叫計程車去公司。

雖然開了很久的進口車，但最近更喜歡坐計程車，在車上

熟練地打開手機，開啟電子書 App，要讀什麼好呢？前幾天只選讀輕鬆又有趣的書，於是我挑了《變化的世界秩序》這本內容較難的書來看，但一點壓力也沒有，因為反正我用的是**卑劣的讀書法**，不需要字字精讀。看了幾篇文章獲得靈感，車子也不知不覺到了公司。

今天要跟三個不同的分公司開會。惡人總要時刻提醒自己**時間有限**。仔細查看會議項目，發現兩個會議都不是與工作相關，只是工作報告會議，沒有什麼效率，便把兩個會議合而為一，員工們各自報告完就可以先行離開。

這時收到了高價電子書《戀愛的自由》和《選擇的男人》的銷售報表，雖然仍然保持穩定的銷售，但從我的觀點，還是有很多想添加的內容。這麼做不會提高銷售額，但是**即使效率低也要提供真正的價值**，所以我想更新版本。我不會說我沒考量到這樣做會帶來更大的好處，因為那樣就不是惡人，而是偽君子。

但我也知道，不是心裡想的就一定可以做得到，於是我重新運用了**損害理論**。我不計較錢，因為已經獲得很大的財富自由，所以失去一點錢對我來說不是很大的損失。我決定賭上自尊，在人們面前說：「像我這樣的天才如果不能在一週內更新版本，那就太不像話了。」人們又在嘲笑我自戀，我也咯咯地笑著，但腦子裡已經在思考，一週後若是拿不出東西，我的追

隨者就會離開，現在已經沒有退路了。回到辦公室，我立即打開**備忘錄**，從平常收集記下的想法中挑選一個，開始瘋狂寫作。

不知不覺，職員們都下班了。一直只做寫文章的輸出行動，不自覺成了**為工作而工作**的模式，突然想在部落格上寫文章，現在是轉換模式的時機。我拿出手機，重新打開電子書 App，就這樣在安靜的辦公室度過了一個小時，該下班了。在回家的計程車裡，一邊看電子書上**畫線標記**的那些令人印象深刻的句子。「明天在部落格上寫專欄時，可以利用這些文句。」在開啟大門密碼鎖之前，我點了根菸，深深吸了一口再吐出煙霧。

打開**四個追隨者**聚集的群組聊天室，他們在交談中開玩笑，我也和他們閒聊，接著收到**極端悲觀主義者**的電話。他讀了我寫的電子書，指出可能有問題的部分。我確認了一下文章，嗯，他說的確實有道理，立即進行修改，並重新發送更新版本給負責的職員。追隨者們都自動自發提供幫助，我下定決心要回報他們。一看錶，已經是凌晨一點了。

耗盡了所有的**意志力**，連做其他事的想法都沒有。我洗完澡躺在床上，那些腦海中假想的競爭者或許都已沉睡，我也立即閉上眼睛，放下手機，努力入睡。也許我會像往常一樣，直到早上十點多才能勉強睡一會兒，那也沒關係。

就這樣，週二凌晨即將結束。

結語

不管你如何評價，我都會前進

　　讀這本書時你有什麼感受？是不是覺得這是一個充滿被害意識，賺了很多錢的人的自我炫耀？是否能夠接受資本主義創造出的怪物所寫的漏洞百出的成功公式？是不是因為想指出書中的許多錯誤而嘴巴發癢？一個月賺八十幾萬就能得到全世界的關注嗎？是否覺得我從頭到尾都不肯明確告知具體的事業內容，只是一直主張要像惡人一樣生活，根本是個瘋子？

　　要怎麼想都行，我讀到那些內容不完整的書時，也會感到不滿。但是隨著時間流逝，累積了經驗和知識後，才意識到並不是那本書的內容不完整，而是我讀書的視野太狹隘。

　　這本書很宏大，但我不是說你的理解力太差，因為再聰明的人也無法消化這世上所有的知識，再好的書也不能滿足這世上所有的人。或許這本書對一些人來說是強烈的刺激，而對某

些人來說卻是本非常奇怪的書。

　　會有喜歡我的人，同時也會有更多批評我的人，沒關係，惡人太習慣這種指責了。不管你對這本書有什麼評價，我還是會像往常一樣去公司上班，像往常一樣參加各種會議、督導工作進行，我也希望你把一切投入到你自己的生活中。

　　現在時間到了，我該走了，是時候把晚上該吃的藥全塞進嘴裡了。在這本書的最後，我很想寫出逆轉結局：「我過去每天得吃十四顆精神病相關藥物，但現在已經痊癒了。」但最終還是失敗了。我仍然得吃藥，過著充滿不安和危機感的生活。

　　很抱歉沒能為你提供適當的滿足和幸福生活的方法，像我這種以憤怒和自責為動力的人，根本就沒有寫幸福生活的才能和素材。如果你認為減少貪欲的生活很有意義，並因此過著幸福快樂的生活，我真心羨慕你。希望不是這本書，而是其他好書支持著你。但是我的野心比任何人都大，大到連自卑感也積極利用。公司裡有員工等著我，我的腦海裡充滿了還沒成書的點子。

　　或許在經過很長的時間之後，有天能有機會與讀這本書的讀者面對面，如果他們不稱讚也不批評，只說看過這本書，我也會很高興。因為我喜歡建立新關係。書中沒有提及的內容會逐一上傳到我的個人部落格，希望能在那裡繼續與你的緣分。

　　辛苦了，現在上戰場吧。也許會動搖無數次，也許不會一帆風順，但是要相信，總有一天你一定會發光。祝你好運。

感謝

給蝙蝠：

　　我到現在還是覺得你很神奇。沒有正式大學畢業學歷的我與你第一次見面那天的情況，我至今仍記得一清二楚。你改變了我的人生，但我卻沒有回報，這種想法經常讓我痛苦。嗯，應該是當時沒有其他合適的人選，所以才選我的吧。如果這樣自我合理化，我心裡會舒服一點。看到這裡你應該會笑吧。

　　透過 YouTube 認識你的世界中，有少部分人說你是騙子，你好像習慣了，但是我每次都感到很憤怒，因為從和你初次見面的二〇一二年開始，我每天都在觀察你。

　　我記得，你為了解決一個客戶的問題，翻找許多書籍辛苦了好幾天；記得你讀完一本書後興奮地說：「我找到一本了不起的書，獲得很棒的智慧。」有時你會對傷害你的人感到憐憫，想要原諒對方；還有你辛苦建立的事業被奪走後，仍努力閱讀的瞬間。

　　不知道你記不記得，很久以前我寫給你的信。曾經一起同

甘共苦的我們，不知不覺已漸行漸遠。一起做諮詢工作時又哭又笑的日子已經成為過去，我們現在成了各自努力，經常問候的關係。那是一封苦澀的信，但這就是人生吧。

寫完這本書我想起你說過的話，你說我的寫作能力不知不覺已經達到你羨慕的水準。我由衷感到慚愧，因為這是別人無法認同的。曾在所有書店都登上暢銷書榜首的你，對我實在是過譽了。

但如果我確實擁有這樣的能力，這一切都是你教我的。只是你不記得的細節，我都記下來了，我們的記憶各不相同。衷心感謝你。

給副代表 Y ：

你在只睡三個小時的情況下還來上班，孩子出生的那刻你也在公司，蜜月旅行一回來就上班。我猜，在寫下這篇文章的晚上十一點五十一分，你應該也還在公司。

最近你好像經常因為自己工作效率低而感到自責，昨天晚上也說過同樣的話。但是我知道，你只要離開公司一個星期，整個業務就會癱瘓，所以只能硬撐著繼續工作。

我人生中有一個最痛苦的瞬間，就是被你評價為「不誠實」的時候，但是從那天以後，我又可以重新武裝。這話我說過一百遍了，你絕對有資格那樣批評我，謝謝你不是在背後批

評，而是當面告訴我。依照你的性格，也許在說出那些話之前，已經忍了好幾個星期，猶豫不決。

客觀地觀察，你並沒有成為惡人的傾向，你和我是完全不一樣的人，但是我人生中最大的武器——職業道德和誠實，都是從你那裡學到的。謝謝你。

致父親和母親：

記得小時候我們一家三口住在一間小套房。當時樓下有一家非常昂貴的炭火排骨店，如果有值得慶祝的事，我們就會去那裡大吃一頓。現在我每天都有時間陪你們去排骨店，但是我們每年卻只能見面一、兩次，都是因為我對工作的奇怪執著。

我到了三十多歲後，您們經常對我說「對不起」，因為小時候您們對我太嚴厲、高中時期帶給我傷害、從未好好相信我、小時候沒能送我去學很多東西，甚至還自責是您們把精神疾病遺傳給我的。

或許吧，但我覺得現在我能賺那麼多錢，都是因為從爸爸媽媽那裡接收到很重要的禮物。小時候不懂事亂寫的小說、詩、散文等，您們總是認真閱讀，並告訴我哪裡要如何改進。還有不知道您們記得嗎？多虧了您們我才學會游泳、單簧管、聲樂。對於經常忘記那些給予，只記得我做過什麼不成熟的事的兩位，我感到悲傷。但您們也是第一次當父母，如果有一天

我成了別人的父親，應該也不完美。

　　我想起決定成為惡人獨立，給兩位帶來巨大傷害的日子，非常心痛。一想到當時那麼狠毒的自己，罪惡感就湧上心頭。但是即使重新回到那時候，我也會做出同樣的選擇。若您們讀了這本書，一定也會理解。

　　上禮拜是爸爸的生日，但因為太忙了又住得很遠，只送了禮物。我辯解說不只是父母，我斷絕了所有人際關係，只專注寫作。等這篇寫完後，我想和兩位久違地喝一杯。我想您們。

給 ATRASAN 的家人們：

　　我寫文章的時候經常與罪惡感鬥爭，我能寫出有創意的文章，都是多虧了大家的幫助。每天默默地進行六個以上的諮詢，為了制定更好的解決方案而互相討論，看到你們努力的樣子我很感動。我之所以能寫作，都是向大家每天無息借來的。

　　記得兩本電子書成功後你們幫我辦驚喜派對，看到搞笑幽默的祝賀影片，我沒有笑，卻流下了眼淚。你們露出驚訝的表情，因為我的反應出乎意料，很擔心我。借這個機會為當時的情緒辯解，是我欠大家人情。

　　或許 H、S、L 和 C 現在都在各自的辦公室裡讀著諮詢案例，上緊發條為工作努力。諮詢經歷八年的我在諮詢前也會感到緊張。K、R 和 M 今天應該也為了給客戶提供詳細的介紹，

正盯著電腦研究吧。同時苦惱許久，只為了誠心誠意回信給不安的客戶。非常感謝各位每天的奮鬥，因為害羞，已經很久沒有這樣表達我的真心了，藉此機會再次感謝大家。

給 PUTUFU 的家人：

我覺得我們的力量大大提高了，官網主頁的設計、用戶便利性、編輯能力等，都比剛開始時改善很多。而且我知道，雖然你們從來不說，但每次與作家交涉，組長和組員們都絞盡腦汁。秉持著「顧客滿意」的目標，每週開三次會，讓人很感動。

但是，在 PUTUFU 似乎沒有惡人，即使銷售額提高，也不會炫耀。對不起，從惡人的觀點來看，我覺得很傻。但正因為如此，才更有感情。有時候我希望你變得厚顏無恥。

看著你們，我就會想起沒有生活只有「工作、工作、工作」的二十四歲的我。 所以看到沒有人指示，自動自發放棄週末而來工作的各位，總是很擔心。我常常會想，我的欲望會不會消失？我最大的目標就是有朝一日能給大家一個相應的回報，讓各位過得更舒服自在，我一定會做到的。

還有 K 組長雖然表面上看不出來，但他是一個就算子彈都打在身上也要救所有組員的人。或許我真的極度內向，要面對面地稱讚別人對我來說還是有些勉強。請各位見諒，互相鼓

勵。希望大家能彼此稱讚。

給改變二十多歲時的我的人：

以諮商師身分從事了八年的戀愛和復合諮詢，現在還以作家身分出道，我突然感到好奇，當時妳是為了什麼原因離開我。回想起來，當時的我的確是個懶惰、沒有遠見、不夠狠心的人。

我說過我有潛力，也許妳忘記了，但是多虧了那句話，我才能活下來。每當突然陷入對失敗的擔憂時，我常常會想起那個時候。那天在離學校不遠的鐵道對面喝啤酒的事，還記得嗎？依妳的個性，看著這篇文章也許會說：「是在說我嗎？應該不是吧。」是在說妳沒錯，謝謝妳。我不會寫太長的。

最後，我還有很多話要跟大家說。

但是現在是該停止的時候了。大部分讀者不會讀「感謝文」，就算是我也一樣。我認為，透過書來傳達的感謝就到此為止，剩下的應該面對面表達。我想永遠和大家在一起，若不想被大家拋棄，我得再好好磨練一下「五種能力」了，謝謝大家。

國家圖書館出版品預行編目資料

憤怒日記：誠實面對欲望，在殘酷世界迎向勝利 / 孫秀賢著；馮燕珠譯. --
初版. -- 臺北市：圓神出版社有限公司, 2024.01
　　320 面；14.8×20.8公分 -- （天際系列；17）
　　譯自：악인론 : 닥치고 성공해 누구에게도 지배받지 않는 삶
　　ISBN 978-986-133-911-5（平裝）
　　1.CST：自我肯定　2.CST：自我實現
177.2　　　　　　　　　　　　　　　　　　　　112019508

www.booklife.com.tw　　　　　　　　　　reader@mail.eurasian.com.tw

天際系列 017

憤怒日記

作　　　者／孫秀賢손수현
譯　　　者／馮燕珠
發 行 人／簡志忠
出 版 者／圓神出版社有限公司
地　　　址／臺北市南京東路四段50號6樓之1
電　　　話／（02）2579-6600 · 2579-8800 · 2570-3939
傳　　　真／（02）2579-0338 · 2577-3220 · 2570-3636
副 社 長／陳秋月
主　　　編／賴真真
責任編輯／吳靜怡
校　　　對／吳靜怡 · 尉遲佩文
美術編輯／林雅錚
行銷企畫／陳禹伶 · 林雅雯
印務統籌／劉鳳剛 · 高榮祥
監　　　印／高榮祥
排　　　版／莊寶鈴
經 銷 商／叩應股份有限公司
郵撥帳號／18707239
法律顧問／圓神出版事業機構法律顧問　蕭雄淋律師
印　　　刷／祥峰印刷廠
2024 年 1 月　初版

定價 410 元　　　　　　ISBN 978-986-133-911-5